JN261867

学校現場の

# 食物アレルギー対応マニュアル

～アナフィラキシー事故を起こさないために～

少年写真新聞社

## はじめに

　平成20年に文部科学省監修により、「学校のアレルギー疾患に対する取り組みガイドライン」（公益財団法人　日本学校保健会）が発表され、学校現場の食物アレルギー対応について、学校生活管理指導表の活用など様々な指針が示されました。それから6年がたった現在、各地で地域ごとのマニュアル作成など、それぞれの学校現場の先生方がそれぞれの工夫のもとに、対応をされていることと存じます。

　本書では、ガイドラインの活用はもちろんのこと、全国各地の先生方の取り組みをもとに、学校現場の食物アレルギー対応について、食物アレルギー児童生徒に関わるどの立場の方が読まれてもわかりやすいように解説をしたいと考え、企画した書籍です。

　食物アレルギーは、命に関わることもある疾患です。そのことを学校全体で理解したうえで、保護者の不安に寄り添いながら、しかし無理のない確実な対応を積み重ねていくことが大切です。この書籍が、学校内での食物アレルギー対応の一助となることを願っています。

　また、本書の制作にあたっては、全国各地の学校現場の先生方や保護者の方々のご協力をいただきました。この場を借りて御礼申し上げます。

編集部
平成26年1月吉日

---

　平成26年3月に文部科学省より発表された「今後の学校給食における食物アレルギー対応について（通知）」に記されている学校における対応について、本書の該当箇所を以下に示します。

**（1）学校におけるアレルギー対応の体制整備について**
学校での管理を求めるアレルギーの児童生徒に対しては、「ガイドライン」に基づき、学校生活管理指導表の提出を必須にするという前提のもと、管理職を中心に、校内の施設整備や人員配置を踏まえ、具体的なアレルギー対応について一定の方針を定めること。
→第2章参照

校内のアレルギー対応に当たっては、特定の職員に任せずに、校内委員会を設けて組織的に対応すること。
→第2章参照（本書では食物アレルギー対応に特化した「校内委員会」として「食物アレルギー校内対策委員会」と表記しています）

給食提供においては、安全性を最優先とする考え方のもと、
・献立作成から配膳までの各段階において、複数の目によるチェック機能の強化
・食物アレルギー対応を踏まえた献立内容の工夫
・食材の原材料表示
・誰が見ても分かりやすい献立表の作成
などの実施に努めること。
→第3章参照

**（2）緊急時の体制整備について**
学校の状況に応じた実践可能なマニュアル等を整備する。その際には、例えば、既存の危機管理マニュアル等について、アレルギー対応の観点から見直すなどの取組も考えられる。

緊急時対応に備えた校内研修の充実が必要であり
・「エピペン（登録商標）」の法的解釈や取扱いについての研修
・教職員誰もが「エピペン（登録商標）」使用を含めた緊急時対応のための実践的な訓練などに取り組むこと。

緊急時対応→p12〜18参照
エピペンの取扱いについて→p15参照
校内研修→p34〜36参照

**（3）保護者との連携について**
特に入学前においては、入学後に学校における適切なアレルギー対応ができるよう、学校や調理場の現状を保護者に理解してもらうとともに、食物アレルギー対応に関して、保護者からの十分な情報提供を求めること。

食物アレルギーの児童生徒の保護者に対しては、専門の医療機関に関する情報や、アレルギー対応に関する資料を紹介するなど、必要に応じてケアを行うこと。
→第2章、および第6章（事例集）参照

**（4）その他**
児童生徒の発達段階を踏まえた上で、食物アレルギーに関する指導に取り組むこと。
→第4章参照

# もくじ

## 第1章　食物アレルギーの基礎知識と緊急時の対応 …………  5
小俣　貴嗣

食物アレルギーＱ＆Ａ ………………………………………  6
① 食物アレルギーって何？ ………………………………  8
② アナフィラキシーって何？ ……………………………  10
③ 緊急時の対応 ……………………………………………  12
④ 学校の中での食物アレルギー …………………………  17

## 第2章　学校現場での食物アレルギー対応 ………………  19
井上　千津子

① 食物アレルギーのある児童生徒の現状 ………………  20
② 受け入れ体制づくりのポイント ………………………  21
③ 食物アレルギーのある児童生徒の把握 ………………  24
④ 保護者との面談 …………………………………………  26
⑤ 個別対応プランの作成と検討 …………………………  28
⑥ 対応開始 …………………………………………………  30
⑦ 異動時の対応 ……………………………………………  32
⑧ 転校生の受け入れ ………………………………………  33
⑨ 職員研修 …………………………………………………  34
資料 …………………………………………………………  36

## 第3章　学校給食における食物アレルギー対応 ……………… 37
秋田　敬子

　1　学校給食における食物アレルギー対応………………………… 38
　2　学校給食対応の流れ……………………………………………… 42
　3　学校給食提供の準備……………………………………………… 44
　4　給食センター（共同調理場）の場合…………………………… 54

## 第4章　児童生徒への対応 ……………………………………… 57
井上　千津子

　1　子どもたちに伝える食物アレルギー…………………………… 58
　2　学校生活における管理…………………………………………… 63
　児童生徒向けパワーポイント資料………………………………… 67

## 第5章　食物アレルギー以外のアナフィラキシー ………… 71
小俣　貴嗣

## 第6章　事例集 …………………………………………………… 75

## 第7章　学校現場の食物アレルギー対応　資料集 …………… 95

おわりに……………………………………………………………… 106
参考文献等…………………………………………………………… 108
さくいん……………………………………………………………… 109
著者プロフィール…………………………………………………… 110

# 第1章 食物アレルギーの基礎知識と緊急時の対応

食物アレルギー Q&A …… 6
1 食物アレルギーって何？ 8
2 アナフィラキシーって何？……………………10
3 緊急時の対応……………12
4 学校の中での
　食物アレルギー……17

# 食物アレルギー Q&A

回答者：小俣貴嗣

**Q1** 保護者に血液検査のみで給食対応を依頼されました。負荷試験でアレルギー症状の有無を確認してほしいのですが、病院の指定ができないので困っています。
（東京都／小学校養護教諭）

**A** 現在、食物経口負荷試験（以下負荷試験）を実施している小児科標榜施設は増加しております。自宅近隣のアレルギー専門医・指導医が在籍する病院あるいは診療所に直接電話して、負荷試験実施の有無を確認していただくのが一番かと思います。アレルギー専門医・指導医の一覧は、日本アレルギー学会ホームページより閲覧可能です。

**Q2** 重度の卵、乳のアレルギーがある6年生男子児童の事例です。移動教室の際に朝食（除去食を提供していた）で発作を起こしました。発汗、全身のじんましん、かゆみ、鼻汁の症状があり、以前にもアナフィラキシーを起こしたことがあったため、すぐに病院へ搬送しました。しかし病院では「この程度はアナフィラキシーとはいわない」という対応をされ、そのまま帰されそうになりました。しかし、念のため薬を出してもらいすぐに飲ませました（30分程度はじんましんが治まらずぐったりしていましたが、その後回復しました）。このときの私の対応は大げさだったのでしょうか…？
（東京都／小学校養護教諭）

**A** 先生の対応は間違っておりません。むしろ適確な対応であったといえます。全国の医療機関の中で食物アレルギーを専門とする機関は決して多いわけではありません。むしろ少ないと考えていただいたほうが正解です。救命治療は可能でも、食物アレルギーの症状に対して適切なアドバイスが行われていない現実がまだ多いことを知っておいてください。

**Q3** 卵アレルギーの生徒で、調理法によって対応が異なる生徒がいます。なぜ調理法によって対応が異なるのでしょうか？
（埼玉県／中学校養護教諭）

**A** 加熱により鶏卵中に含まれる数種のたんぱく質は変性するため、熱を加えたほうがより、食べられる可能性が高くなります。つまり、鶏卵アレルギーの重症度によっては調理法の違い（加熱の違い）によって食べることができる卵料理があってもおかしくはないのですが、学校などの集団生活の場では、症状出現リスク回避のため、除去か解除かの両極での対応が望まれます。

**Q4** 小学3年生くらいから除去食ではなく普通食になる児童がおり、何を基準に、どのような検査で普通食となるのかを知りたいです。
（千葉県／小学校養護教諭）

**A** 今まで食物アレルギーと診断され、除去食を行っていた児童が普通食となる場合は、

当然負荷試験をクリアし、その後の自宅での陰性確認が終了している場合だと思われます。しかし、血液検査（IgE検査）のみで除去食が指示され、数値が下がってきたから除去食を解除している医師も少なくないのが現状です。後者の場合、真の食物アレルギーであったかどうかは不明です。

## Q5 アレルギーの発症を予防することはできないのでしょうか？

（愛知県／高等学校養護教諭）

A　食物アレルギーを含むアレルギー疾患の発症予防については数多く研究されていますが、残念なことにまだ確立していません。しかし近年、種々の研究結果から食物アレルギーの原因食物の経口摂取は免疫細胞による排除が起きなくなること（免疫寛容）に関与し、経皮感作（最初に皮膚でアレルギーの原因として認識し、全身性のアレルギー反応の準備が始まること）は食物アレルギー疾患発症に関与しているという見方が強まっていることが指摘されています。すなわち、乳児期のアトピー性皮膚炎のような湿疹を放置しないで早めにきれいにしてあげるほうが、アレルギーになりにくいのでは…という報告が増加してきています。

食物だけではなく皮膚の状態も食物アレルギーの発症に関わっている可能性が高いと思います。

## Q6 いりこは食べるがちりめんじゃこは除去を希望する保護者がいて、魚の種類は同じと説明するのですが理解してもらえません。このような場合どのように伝えればよいのでしょうか。

（福岡県／中学校養護教諭）

A　学校生活管理指導表あるいはそれに準ずる除去食の診断書は、学校側に提出されていますか？　あくまで診断書に基づき除去食や代替食は提供されるものであって、保護者の考えのみで提供するべきではありません。アレルギー専門医が在籍する医療機関に相談し、診断書を提出することを促しましょう。

## Q7 えびアレルギーがあるが、避けて食べれば大丈夫ということで、自己除去対応をしていた小学校５年生の児童がいました。しかしある日、給食後の５時間目の体育で顔や首回りにじんましんが出たことがあり、病院に搬送し「食物依存性運動誘発アナフィラキシー」と診断されました。
軽度のアレルギーであっても、食後の運動は避けた方がよいのでしょうか？

（東京都／小学校養護教諭）

A　運動誘発アナフィラキシーの中で原因が食物に依存するものを食物依存性運動誘発アナフィラキシーといいます。仮に、食物依存性運動誘発アナフィラキシーの原因食物がえびであった場合、えび摂取後の運動はどんなに軽い運動であっても最低２時間、理想は４時間避けるべきです。また運動誘発アナフィラキシーの原因が食物によらない場合、その原因は個々により対応が異なるため、アレルギー専門医が在籍する医療機関を受診のうえ、相談されたほうがよいかと思われます。

# ■1 食物アレルギーって何？

## 食物アレルギーって何？

　食物アレルギーとは、「食物によって引き起こされる抗原特異的な免疫学的機序を介して生体にとって不利益な症状（皮膚、粘膜、呼吸器、消化器症状、アナフィラキシーなど）が惹起される現象」と定義されています。よって、免疫機序を介さない食中毒や食物不耐症は食物アレルギーと分けて考える必要があります。

【食物アレルギーの分類・診断】
　食物アレルギーはいくつかの病型に分類されますが、その中でも、小児期はアトピー性皮膚炎と合併する「食物アレルギーの関与する乳児アトピー性皮膚炎」型が最も多く、次が即時型です。即時型の特殊型として口腔アレルギー症候群や、食物依存性運動誘発アナフィラキシーがあります。いずれも詳細な問診、IgE検査（血液検査や皮膚テスト）、食物除去試験、食物負荷試験、食物日記などで診断がつけられることが多いです。中でも問診はとても重要です。
　逆に、よく誤解されるのが、IgE検査の解釈です。IgE検査のみで食物アレルギーの診断をつけることはできません。実際に食べて症状が出るか否かの食物経口負荷試験で確定診断をつけますので注意が必要です。

### 食物アレルギーの有病率

　平成25年12月発表、文部科学省「学校生活における健康管理に関する調査」中間報告にて、小学校4.5％（うちエピペン®保持者0.4％）、中学校・中等教育学校4.8％（うちエピペン®保持者0.2％）、高等学校4.0％（うちエピペン®保持者0.1％）となっています。

（平成25年8月現在）

### 原因食物

　原因食物は鶏卵、乳製品、小麦の順に多いのですが、これは年齢により大きく異なります。学童期以降では果物類や甲殻類（えび、かになど）などの頻度が高くなります。

## 食物アレルギーの症状

　様々な症状が出現しますが、大きく分けると右表のように分類されます。
　即時型のアレルギー症状は主として原因食物を摂取後2時間以内に出現するものが多いです。中でも皮膚症状、呼吸器症状、粘膜症状、消化器症状の順に多いとされています。摂取するアレルゲンの量やその日の体調、年齢でも症状の出現の仕方は異なります。学童期以降に多い食物依存性運動誘発アナフィラキシーでは、ある食物を食

べ、運動が加わらないと症状が出現しません。

　最重症の場合には、全身性の反応としてアナフィラキシー（ショック）症状を呈することもあります。アナフィラキシー（ショック）に関しては次の項で詳しく説明します。

**食物アレルギーにより引き起こされる症状**

| 臓器 | 症状 |
|---|---|
| 皮膚 | 紅斑、じんましん、血管性浮腫、かゆみ、灼熱感、湿疹 |
| 粘膜 | 眼症状：結膜充血、まぶたの腫れ、かゆみ、流涙、眼瞼のむくみ<br>鼻症状：くしゃみ、鼻水、鼻づまり<br>口腔粘膜症状：口腔・口唇・舌の違和感、腫れ |
| 呼吸器 | のどの違和感、かゆみ、しめつけられる感じ、さ声（かすれた声）、嚥下困難、せき、ゼイゼイという呼吸音（喘鳴）、陥没呼吸、胸が締め付けられる感じ、呼吸困難、チアノーゼ |
| 消化器 | 吐き気、嘔吐、腹痛、下痢、血便 |
| 神経 | 頭痛、活気の低下、不穏、意識障害 |
| 循環器 | 血圧低下、頻脈、徐脈、不整脈、四肢冷感、蒼白 |
| 全身性 | アナフィラキシー（ショック） |

参考：「食物アレルギー診療ガイドライン2012」（協和企画）

## 食物アレルギーの病型

　アナフィラキシーを起こす可能性がある食物アレルギーの臨床病型のうち、特に知っていてもらいたい3つの病型について説明します。

### ■即時型

　即時型食物アレルギーでは、原因食物摂取後早期（2時間以内）に症状が出現することが多いです。症状も多彩で皮膚、呼吸器、消化器、粘膜症状などを呈し、これらが多臓器かつ全身性に現れたときはアナフィラキシーと定義しています。食物アレルギーの関与する乳児アトピー性皮膚炎型で発症した例の中でも、離乳食を開始するようになると約半数がその後即時型へタイプが変わっていきます。原因抗原は鶏卵、牛乳、小麦、ピーナッツの順に多いです。学童期以降の新規発症例では小麦や甲殻類が多く、乳児期発症に比べて耐性獲得の可能性は低いと報告されています。

### ■口腔アレルギー症候群

　口腔アレルギー症候群とは、口腔粘膜に限局したIgE抗体を介した即時型アレルギー症状のことで、全身症状はほとんど来しません。口の中がかゆい、イガイガするなどの訴えが多いです。口腔アレルギー症候群を引き起こす食物抗原は、口腔内で速やかに溶出し、その後消化酵素により容易に壊されるという特徴を有し、クラス2食物アレルゲンと呼ばれています。原因食物は果物や野菜が多いとされています。口腔アレルギー症候群でクラス2食物アレルギーを引き起こすものとして、花粉症と食物アレルギーを合併するpollen-food allergy syndromeが知られています。治療は除去が基本ですが、多くは加熱により経口摂取が可能となります。

■食物依存性運動誘発アナフィラキシー

　食物依存性運動誘発アナフィラキシーは、ある特定食物摂取後の運動負荷によってアナフィラキシーが誘発される特殊型の食物アレルギーです。全身じんましんや血管運動性浮腫など重篤で複数の臓器・組織にわたる症状が認められ、食物摂取単独あるいは運動負荷単独では症状の発現は認められないものと定義されています。原因となる食物摂取後2時間は運動を避ける（理想は4時間）必要があります。

## ❷アナフィラキシーって何？

### アナフィラキシーって何？

　アナフィラキシーとは、アレルギー反応が原因で複数の臓器症状を呈する場合をいいます。すなわち、皮膚、呼吸器、消化器など多臓器に全身性に症状が現れる状態をいいます。ときに最重症型として血圧低下や、意識喪失などを引き起こしますが、こうした生命を脅かす危険な状態をアナフィラキシーショックと呼んでいます。

　原因は食物に限らず、薬物や昆虫などもあり得ます。症状の重症度は軽症から重症まであります。例えばアレルギーが原因で全身じんましんとせきが出現したら軽症のアナフィラキシー症状といえます。また全身性のじんましんに、喘鳴（ゼーゼー）、意識もうろう状態であれば、アナフィラキシーショック状態といえます。アナフィラキシーの症状の進行は速く、分単位で進展していきますので、発症早期の発見と対処が重要です。

　アナフィラキシーの治療は、ショックおよびショック状態に近い場合には、できるだけ迅速にアドレナリン0.01ml/kg（商品名：エピペン®）を筋肉注射するべきです。アナフィラキシーショックに陥った場合には、発症30分以内のアドレナリン投与が予後を左右します。平成25年、日本小児アレルギー学会より一般の方にも分かりやすい症状の記載・適応判断として、一般向けエピペン®の適応（下図）も発表されました。

**一般向けエピペン®の適応（日本小児アレルギー学会）**

エピペン®が処方されている患者でアナフィラキシーショックを疑う場合、下記の症状が一つでもあれば使用すべきである。

| 消化器の症状 | ・繰り返し吐き続ける　・持続する強い（がまんできない）おなかの痛み |
|---|---|
| 呼吸器の症状 | ・のどや胸が締め付けられる　・声がかすれる　・犬がほえるような咳<br>・持続する強い咳込み　・ゼーゼーする呼吸　・息がしにくい |
| 全身の症状 | ・唇や爪が青白い　・脈を触れにくい・不規則<br>・意識がもうろうとしている　・ぐったりしている　・尿や便を漏らす |

## アナフィラキシーショックを起こさないために

　アナフィラキシーショックを起こさないためには、原因となる食物を摂取しないことが最も基本的な対策です。しかしアナフィラキシーショックを恐れるあまり、原因となる食物を完全除去することが必ずしも最良なわけではなく、安全性を確保しながら、必要最低限の除去を行うことが食物アレルギー患者の治療の原点です。

　ただし学校などの集団生活の場においては、中途半端な除去解除は誤食事故の原因となりやすいので、自宅での原因食物の摂取量自体が少ない場合、あるいはときどき軽度の症状が出るが自宅では食べているなどの訴えがある場合には、原則、学校での解除は行わないほうが無難です。その日の体調や運動が加わって症状が出現しやすくなることがあるからです。

　また、加熱処理が均等に行われず不十分であった場合なども、症状は出現しやすくなります。そのためにも学校での解除は、自宅で十分な量の摂取と体調の変化による症状の出現がないこと（症状陰性）が十分に確認されてから行うことが望ましいと考えます。そのためには医療機関からの正しい情報提供と連携が必要であり、学校生活管理指導表を活用し、医療機関から指示された除去を適切確実に行うことが原則です。万が一、アナフィラキシー症状が出現した場合のエピペン®を使うタイミングは後述します。

## 食物アレルギー以外の原因で起こるアナフィラキシーショック

　アナフィラキシーショックとはアレルギー反応が原因で複数の臓器症状を呈する場合をいうことは前述しました。また血圧低下や、意識喪失などを引き起こし、こうした生命を脅かす危険な状態をアナフィラキシーショックと呼んで区別していることも前述しています。

　皆さんはこのアナフィラキシーショックが食物だけで起こると思っていないでしょうか？　実際は昆虫、特にハチ毒による刺傷が原因でアナフィラキシーショックを起こすケースは少なくありません。また薬剤によるアナフィラキシーショックもあり得るのです。薬剤の場合は、主に注射による接種を行う、ペニシリンやセフェム系などの抗生物質、解熱鎮痛薬、破傷風やジフテリアなどの抗血清、ヨード造影剤などが挙げられます。ほかにも内服剤や点眼薬で起こることがあります。

　特にハチによるアナフィラキシーショックは学校の校庭で起こり得ます。近くに自然が多くハチとよく遭遇するような学校では特に注意が必要です。最初の抗原の侵入（1回目にハチに刺された場合）により体内で抗体が作られるため、同じ抗原が2回目に体内に侵入したとき（2回目にハチに刺された場合）には、1回目よりも急速で強い反応が起こります。(p72参照)

# 3 緊急時の対応

> **ポイント**
> 　意識もうろう状態や唇や爪が青白い、脈が触れにくいなどアナフィラキシーショックを起こした場合は、迅速な救急処置が必要です。救急車を要請し、エピペン® をもっている児童生徒であれば速やかに大腿部（太もも）に筋肉注射を行ってください。エピペン® を打った後は数秒間数えてから抜きましょう。その後、姿勢を仰向けにし、血圧が維持できるよう下肢を挙上させることが必要です。ただし嘔吐がある場合は、顔を横向きにし、嘔吐物が気道に入らないように気をつけることが重要です。同時に大声で叫ぶなどして対処にあたる人員を必ず確保してください。

### ■症状出現前に行ってほしい対応（初期対応）

　原因となる食物が皮膚に付いたときなどはすぐに洗い流しましょう。万が一、口の中に入れてしまい、まだのみ込んでいなければ、すぐに口から吐き出させるようにして、口をすすいでください。

　その後もすぐに遊ばせるのではなく、最低でも１〜２時間は保健室等で症状が出現しないかどうかを十分経過観察してください。この際、必ず保護者への連絡は忘れないようにしましょう。

### ■応援体制の確保

　食物アレルギー発作を起こした児童生徒を発見した場合、速やかに応援体制を確保することが重要です。

　発見者は児童生徒に付き添い、ほかの職員に応援要請をします。意識レベルや症状、呼吸や脈拍を把握し、意識がある場合は嘔吐に備えて顔を横向きにさせ、ショック状態の場合は気道を確保して足を頭より高くして寝かせます。食物アレルギー発作を起こしている児童生徒を移動させる必要がある場合は、１人ではなく２人以上で行いましょう。

　応援職員は保護者への連絡、必要に応じて119番通報、AEDや学校生活管理指導表、個別対応票などを準備します。

　（→アナフィラキシー発作時の対応についてはp34〜35「職員研修」も参考にしてください）

# 緊急対応フローチャート

*CD-ROMにも収録*

## 初期対応

| 原因食物が皮膚についた | 原因食物を口に入れた | 目の症状がある |
|---|---|---|
| ⬇ | ⬇ | ⬇ |
| 洗い流す（触った手で目をこすらないように注意） | すぐに口から出させたり吐かせたりして口をすすぐ | 洗眼後、点眼薬があれば点眼する |

＊発見者は子どもから目を離さないように注意

## 応援体制の確保

### 発見者（職員）
- ほかの職員への応援要請
- 周囲の安全確認
- 意識レベルや症状の把握
- 呼吸、心拍数の把握
- 嘔吐に備えて顔を横向きにさせる（意識がある場合）
- ショック状態の場合、気道を確保し、足を頭より高くして寝かせる

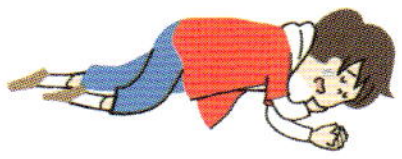

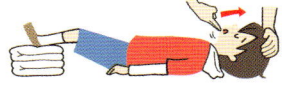

### 応援職員の役割
- 保護者への連絡
- 必要に応じて119番通報（エピペン®処方の登録者であればその旨も伝える）
- AEDの準備
- 学校生活管理指導表、個別対応票などを準備

## 症状レベルによる対応

| | 皮膚症状 | 粘膜症状 | 呼吸器症状 | 消化器症状 | 全身症状 | 症状に応じた基本的な処置 |
|---|---|---|---|---|---|---|
| グレード1 | 部分的なじんましん、あかみ、弱いかゆみ | 軽い唇やまぶたの腫れ | 鼻汁、鼻がつまる、軽いせき | 軽い腹痛、単発の嘔吐 | 何となく元気がない | ・安静、厳重に経過観察（症状が進行しなくても最低1時間）<br>・必要に応じて主治医、学校医に連絡し、指示を受ける<br>・緊急時薬があれば内服<br>・エピペン®があれば用意<br>＊他人のエピペン®は使用できないので注意 |
| グレード2 | 広範囲のじんましん、あかみ、強いかゆみ | 明らかな唇やまぶた、顔面の腫れ | ときどき繰り返すせき | 明らかな腹痛、複数回の嘔吐や下痢 | 元気がない、横になりたがる | ・主治医、学校医に連絡し、指示を受ける<br>・医療機関の受診（必要に応じて救急車要請を考慮）<br>・緊急時薬があれば内服<br>・エピペン®を用意、必要に応じて接種 |
| グレード3 | | のみ込みづらさ | せき込み、声がれ、あえぎ、息苦しさ、呼吸困難、チアノーゼ | 強い腹痛、繰り返す嘔吐 | ぐったりしている、意識消失、立ち上がれない | ・救急車を要請し、医療機関を受診<br>・エピペン®を接種<br>・必要に応じて心肺蘇生を実施<br>・緊急時薬があれば内服 |

監修：神奈川県立こども医療センターアレルギー科 小児科 栗原和幸先生

厚生労働省「保育所におけるアレルギー対応ガイドライン」p57（H. Sampson：Pediatrics. 2003; 111, 1601-8. を独立行政法人国立病院機構相模原病院改変）をもとに作成

## 症状レベルによる対応

### ■グレード１

　グレード１の症状は比較的軽症と解釈されます。口腔、咽頭の違和感やかゆみ、限局した数個のじんましん、唇やまぶたの腫れ、弱い腹痛などを呈します。その多くは数十分から数時間のうちに消失する可能性が高いですが、過去に重篤な即時型症状を呈したことがある児童生徒では緊急時薬として抗ヒスタミン薬があれば、内服させることをお勧めします。また完全に症状が消失するまでは最低でも１～２時間程度は保健室にて経過を観察する必要があります。これは体育や外遊びによって症状が増悪する可能性があるからです。症状がたとえ軽症であっても保護者への連絡は必要です。また症状がグレード１止まりとも限りません。グレード２、グレード３に進行する可能性があることを常に念頭に置いておいてください。症状が消失した児童生徒が下校するときも、可能な限り１人での下校は避けたほうがよいでしょう。

### ■グレード２

　グレード２の症状は中等症の症状と解釈されます。皮膚症状では広範囲にじんましんや紅斑が認められ、粘膜症状ではのどの痛みや顔全体が腫脹(しゅちょう)します。呼吸器症状が出現すれば明らかなせき込みや軽い息苦しさが認められるかもしれません。消化器症状であれば明らかな腹痛が出現するでしょう。グレード２の症状は経過観察のみでは危険で、すぐに処置が必要です。緊急時薬として抗ヒスタミン薬があれば速やかに内服させましょう。また気管支拡張薬など所持していれば、呼吸器症状出現時は吸入あるいは内服させてください。主治医、学校医の判断を仰ぎ、できるだけ早く医療機関へ向かいましょう。エピペン®を所持していれば、エピペン®の準備をし、アナフィラキシー発症時に速やかに打てるように準備が必要です。グレード２の症状が複数臓器にまたがればアナフィラキシーと解釈されます。

　グレード２であってもエピペン®が必要になる状況はあります。救急車での搬送が必要になるかもしれません。

### ■グレード３

　グレード３の症状は重症と解釈されます。すなわちアナフィラキシーです。のどが締め付けられる感覚や声が枯れる、のみ込めないなどの症状、消化器症状としては我慢できないような持続する強い腹痛、繰り返す嘔(おう)吐などが出現します。最も重篤な症状がアナフィラキシーショックで顔色不良やチアノーゼ、血圧低下、意識障害などが認められます。

　治療の第１選択はエピペン®であり、ほかの緊急時薬は第２選択です。エピペン®を注射後、大至急救急車を要請し、医療機関へ搬送してください。救急車を待つ間、児童生徒の下肢を挙上し、血圧を維持できるようにしましょう。意識障害がみられた場合などは気道を確保することも念頭に置いておいてください。

## エピペン® 管理と運用

　エピペン®はアナフィラキシー出現時の補助治療薬であり、エピペン®が処方されている児童生徒のほとんどがかつてアナフィラキシー症状を呈したことがあるか、あるいは強いアナフィラキシー症状を発症すると考えられている児童生徒であると認識しておく必要があります。

　また、学校でアナフィラキシーを起こした本人が自ら注射を行うことは難しいです。アナフィラキシー出現時、どの職員でもエピペン®を速やかに打てるよう、学校におけるエピペン®の所在管理を教職員、本人、保護者で相談しておきましょう。

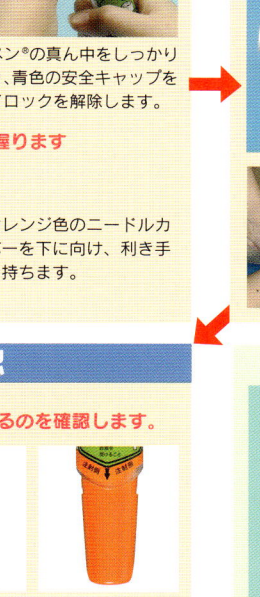

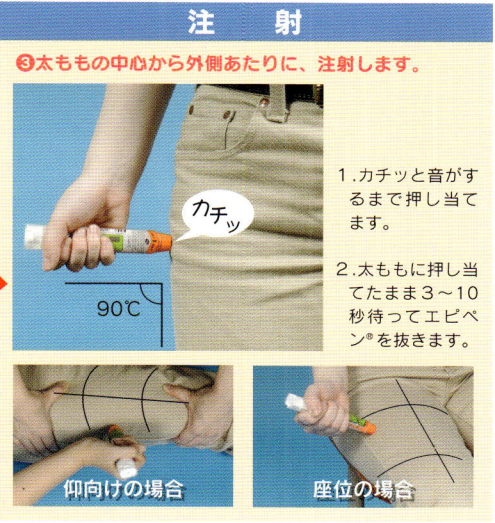

## エピペン® の使い方　CD-ROMにも収録

### 準備

**①青色の安全キャップを外します**

携帯用ケースのカバーキャップを指で押し開けてエピペン®を取り出します。

エピペン®の真ん中をしっかりと握り、青色の安全キャップを外してロックを解除します。

**②エピペン®の中心をしっかりと握ります**

＊先端に指をかけないように注意！

オレンジ色のニードルカバーを下に向け、利き手で持ちます。

### 注射

**③太ももの中心から外側あたりに、注射します。**

カチッ

90℃

1. カチッと音がするまで押し当てます。
2. 太ももに押し当てたまま3～10秒待ってエピペン®を抜きます。

仰向けの場合　　座位の場合

### 確認

**④オレンジ色の先端部が伸びているのを確認します。**

※伸びていない場合は、注射ができていないので②からやり直してください。

使用前　　使用後

**⑤使用後はオレンジ色の先端部分から携帯用ケースに戻します。**

＊先端部分が伸びているためふたは閉まりません

### エピペンの構造

安全キャップ

薬液の入っている部分

使用説明をよく読みましょう

ニードルカバー

＊エピペン®には使用期限があります。学校で保管している場合は、毎年保護者に期限を確認しましょう。

## エピペン®と内服薬

　食物アレルギーをもつ児童生徒が緊急時薬として持参する可能性が高いものとして、抗ヒスタミン薬、経口ステロイド薬、気管支拡張薬、そしてエピペン®が挙げられます。

　抗ヒスタミン薬としては、ザジテン、アレジオン、クラリチン、ジルテック、アレロックなどがあります。後発医薬品も数多くあるため、事前に確認が必要です。作用は主に皮膚症状や粘膜症状を抑えますが、効果発現まで最低30分はかかります。腹痛などの消化器症状には効果が低いです。

　経口ステロイド薬にはプレドニゾロン、プレドニン、リンデロン、デカドロンなどの薬があります。即効性はなく、数時間後の反応を抑える目的で使用します。

　気管支拡張薬にはサルタノール、アイロミール、メプチンクリックヘラー、メプチンエアーなどの吸入薬に加えて内服薬があります。せきなどの呼吸器症状を抑えるのに使用します。

　最後にエピペン®ですが、エピペン®はアナフィラキシー出現時に使用します。効果発現までの時間は極めて早く、アナフィラキシー時の第1選択薬です。

---

**エピペン® の効果と副作用**

　エピペン®は交感神経のα、β受容体に作用して、強心作用、血圧上昇作用を示す薬です。その作用は筋肉注射後に速やかに現れ、15〜20分持続します。また同時に、気管支拡張作用、腸管の動きを調整する効果ももち合わせていますので、それら臓器症状を和らげます。

　エピペン®接種による主な副作用として、動悸、頭痛、めまい、不安、振戦、吐き気・嘔吐、熱感、発汗などが報告されていますが、これはエピペン®を接種した全ての人に起こるわけではありません。薬の作用時間が短いため、速やかにそれらの症状は消失するのが通常です。

---

## 救急車が到着したら

　アナフィラキシー症状を起こした児童生徒が救急車で医療機関へ搬送される際、まず救急隊員から医療機関へ搬送依頼の電話連絡が入ります。医療機関到着時、まず医師へ状況を伝えるのも救急隊員なのです。そのため、救急隊員へは発症時の状況、アナフィラキシー出現時の時間経過、症状のグレード、症状の変化、緊急時薬の内服の有無やエピペン®使用の有無を詳細に伝える必要があります。また救急車に同乗するのは状況を一番よく把握している第一発見者、あるいは対応者が望ましいと考えます。医療機関へ向かうスタッフはより正確な医療情報を医師へ伝える必要があります。途中で合流するであろう保護者へもわかる範囲で説明し理解を促してください。

# 4 学校の中での食物アレルギー

## 学校給食と食物アレルギー

　食物アレルギーのある児童生徒は様々な悩みを抱えながら毎日の食生活を送っています。実際、食物アレルギーのある児童生徒の心配ごとの上位は学校給食に関連していることがわかっています。

　児童生徒に向けた学校給食における食物アレルギー対策は、①食物アレルギーをもつ児童が他児と変わらない、安全な学校生活が送れること、②学校給食が楽しく、そこで十分な栄養素を確保できること、③すべての児童生徒、並びに学校関係者が積極的に食物アレルギー対応に取り組み、理解を深められること、以上3点を満たすことが求められます。そのためにはまず食物アレルギーをもつ児童生徒を詳細に把握することが最も基本的な予防の第一歩です。

　次にその情報をもとに事故発生を予防しつつ、児童生徒の精神的、栄養学的条件を充足できる対策を講じる必要があります。食物アレルギーをもつ児童生徒に対する学校給食側の対応は、大きく4段階に分けられます（p38参照）。積極的な対応としては、レベル3の除去食対応、レベル4の代替食対応などが挙げられますが、レベル1の詳細な献立表対応、レベル2の一部弁当対応であっても、集団生活の場では誤食対策と混入対策は必須です。どんなに注意していても事故は起こることがありますが、対策を講じることでその頻度を抑えることはできます。定期的な保護者との情報交換、個別指導、スタッフ間協議が事故対策を立てるうえでとても重要です。

## アレルギーかな？ と思ったら

　本来、小学校に入学する6歳という年齢は、それまで食物アレルギーをもっていても治っている（寛解）可能性が高い年齢です。しかし学校生活管理指導表が提出され、食物除去の依頼がある児童生徒は、まだ寛解していない子どもたちなのです。そして、この年齢まで食物アレルギーが寛解できていない児童生徒は、症状が重篤なケースの場合が多いことを知っておいてください。

　このような、食物アレルギーがあることがわかっている児童生徒に対しては、十分なケア（対処法）を事前に確認することが可能です。しかし先に述べた口腔アレルギーや食物依存性運動誘発アナフィラキシー症候群などは、今まで食物アレルギーがなかったのに小学校に入学し、給食がきっかけで判明するケースも少なくありません。「新規発症」という言葉を使いますが、そのように学校へ入学してから食物アレルギーの新規発症があり得ることを知っておいてください。

新規発症は、それまでまったく問題がなかった子どもたちですから、緊急時に使用する薬などはもっているはずがありません。このような事態が起こった場合は、速やかに医療機関へ搬送するべきです。

### 校内連携

食物アレルギーの児童生徒が安心した学校生活を送るためには、主治医の意見をもとに保護者と関係職員が話し合い、原因食物の誤食防止はもとより、栄養面でも、メンタル面でも問題の少ない個別対応プラン（p28参照）を立てる必要があります。そのためには、管理職がリーダーシップをとり、担任や養護教諭、栄養教諭（学校栄養職員）が中心となって企画・運営するスムーズな校内連携が求められます。特に献立表のやりとりや、急な献立変更の際の通知方法などはあらかじめ確認しておくことが重要です。

とはいえ、忙しい学校現場の中で話し合いの時間がつくれないといった声も少なくありません。新年度がスタートする前の春休み中に保護者面談を実施し、始業式前に校内委員会をもつことも方法のひとつです。また、他校の実践状況を事前調査しておくと、短時間で効果的な話し合いをもつことができるでしょう。そのためにも、栄養教諭（学校栄養職員）や養護教諭は、日頃から他校の仲間と連絡をとり合うなど横の連携も大切になることは言うまでもありません。（第2章参照）

**食物アレルギー対応における各職員の主な役割**

ここに挙げる先生方はすべて食物アレルギー校内対策委員会に参加し、個別対応プランを共有する

| 職員 | 役割 | 詳細 |
|---|---|---|
| 管理職（校長／教頭） | 統括責任者 | ・食物アレルギー校内対策委員会設立<br>・個別対応プランの全職員への周知<br>・保護者との面談の際、最終決定案を伝える<br>・事故発生時の迅速かつ適切な対応 |
| 担任（副担任） | 学校生活における配慮 | ・児童生徒が安全に学校生活が送れるように配慮する<br>・毎日のアレルギー対応食の確認（誤食の防止）<br>・食物アレルギーの正しい知識、理解の指導<br>・対象児童欠席時の給食室への連絡<br>・事故発生時の迅速かつ適切な対応 |
| 養護教諭 | 児童生徒の健康状況の把握と集約、学校医や主治医との連携 | ・食物アレルギーのある児童生徒の調査、把握<br>・緊急時薬の管理<br>・食物アレルギーの正しい知識、理解の指導<br>・事故発生時の迅速かつ適切な対応 |
| 栄養教諭<br>学校栄養職員<br>（調理員） | 安全な給食の提供 | ・詳細な献立表の作成<br>・調理の管理<br>・調理員との連携や教育<br>・食物アレルギーの正しい知識、理解の指導<br>・事故発生時の迅速かつ適切な対応 |

# 第2章 学校現場での食物アレルギー対応

1. 食物アレルギーのある児童生徒の現状………20
2. 受け入れ体制づくりのポイント……………21
3. 食物アレルギーのある児童生徒の把握………24
4. 保護者との面談…………26
5. 個別対応プランの作成と検討……………28
6. 対応開始………………30
7. 異動時の対応……………32
8. 転校生の受け入れ………33
9. 職員研修………………34
資料……………………36

# 1 食物アレルギーのある児童生徒の現状

　近年、児童生徒におけるアレルギー疾患の増加が指摘されています。平成20年には財団法人 日本学校保健会により「学校のアレルギー疾患に対する取り組みガイドライン」がまとめられましたが、その中では「アレルギー疾患はまれな疾患ではなく、学校保健を考える上で、既に、学校に、クラスに、各種のアレルギー疾患の子どもたちが多数在籍しているということを前提としなければならない状況になっている」との認識が示されています。

　アレルギーにはまだ解明されていないことも多くあり、症状は患者によって様々です。校内はもちろん、保護者・主治医とも連携のうえで対応を行う体制づくりを進めていかなくてはなりません。

　特に即時型食物アレルギーでは短時間で症状が急速に悪化するアナフィラキシーショックを起こすこともあるため注意が必要です。事故を未然に防ぎ、教育上の配慮を行うためには、学校全体で、食物アレルギーについて正しい知識をもって児童生徒に対応することが必要です。

　この章では、養護教諭の立場から、食物アレルギー対応の校内体制を構築するための注意点、ポイントなどを解説します。

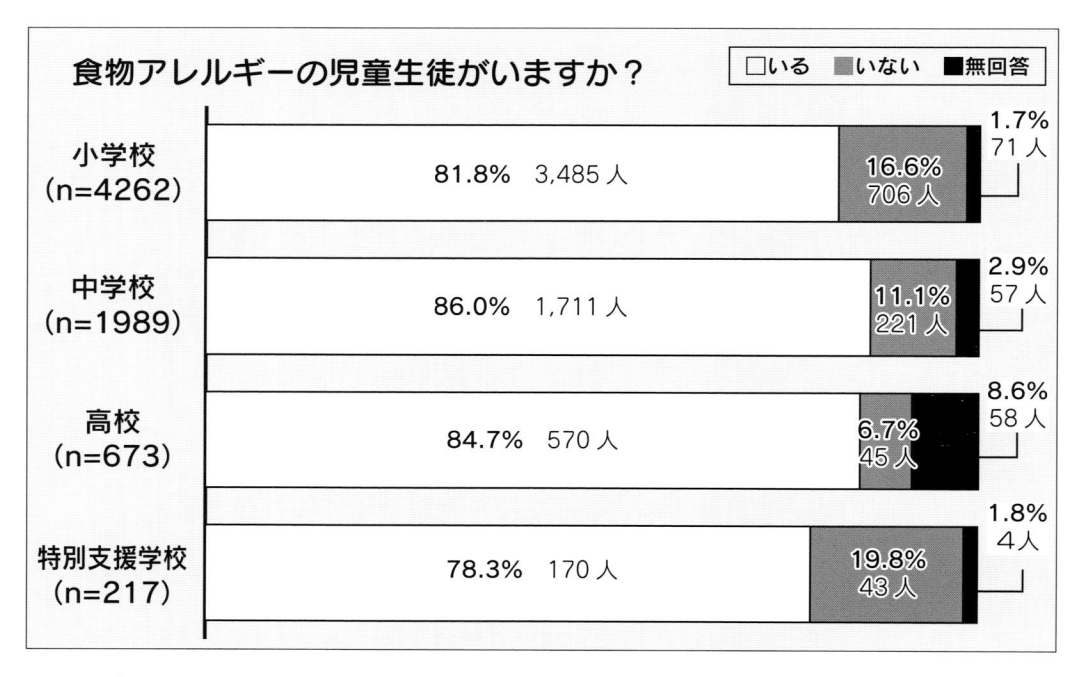

**食物アレルギーの児童生徒がいますか？**　□いる ■いない ■無回答

| | いる | いない | 無回答 |
|---|---|---|---|
| 小学校 (n=4262) | 81.8%　3,485人 | 16.6%　706人 | 1.7%　71人 |
| 中学校 (n=1989) | 86.0%　1,711人 | 11.1%　221人 | 2.9%　57人 |
| 高校 (n=673) | 84.7%　570人 | 6.7%　45人 | 8.6%　58人 |
| 特別支援学校 (n=217) | 78.3%　170人 | 19.8%　43人 | 1.8%　4人 |

平成19・20年度調査研究　全国養護教員会「児童・生徒のアレルギー疾患に関する調査」より

## 2 受け入れ体制づくりのポイント

### はじめに

保護者から「食物アレルギー」の連絡を受けた場合、まず受診状況を確認し、未受診の場合は受診を勧めます。医師の診断や検査結果に基づいて対応をすることで、発育期の児童生徒にとって不要な食事制限をなくすことも大切です。

特に小学生では、苦手な食材に心理的に反応して嘔吐や下痢などの症状が出ている場合もありますし、過去にアレルギー症状が起きていても、年齢とともに耐性ができて食べられるようになっているケースも少なくありません。まずは、「学校生活管理指導表」[※1]を活用して、医師の診断を受けてもらいましょう。

※1 →p96参照

原因とされる食物は変化することもありますし、以前は軽い症状だった児童生徒が急にアナフィラキシー症状を起こした事例もあるため、過去の症状を過信せずに学校生活管理指導表は毎年提出してもらい、継続して管理していくことが大切です。

### 食物アレルギー校内対策委員会の設置

食物アレルギーの対応は個々によって様々であり、一人ひとりの既往歴や原因食物・症状などの把握が大切です。また、学校生活では、授業以外にも校内行事や校外学習など多種にわたる場面設定と細かい対応が必要です。これら全てのことを担任と養護教諭で何とかしようとしても不可能だということは言うまでもありません。担任や養護教諭が不在でも、校内の職員なら全ての者が対応できる校内体制を目指す必要があります。

そのためには、校内対策委員会の設置が効果的です。多忙極まりない学校現場で、校内対策委員会の設置は容易なことではありませんが、「食物アレルギーの対応は、命に関わる重要な課題」であることを、全職員が理解し、管理職がリーダーシップをとり、校内対策委員会を立ち上げることができれば、保護者や医療機関との連携もとりやすくなります。

その際には、「管理のためだけではなく、児童生徒の育ちをも配慮した委員会」であることにも注意しなければなりません。

### 食物アレルギーのある児童生徒への対応フローチャート（例）

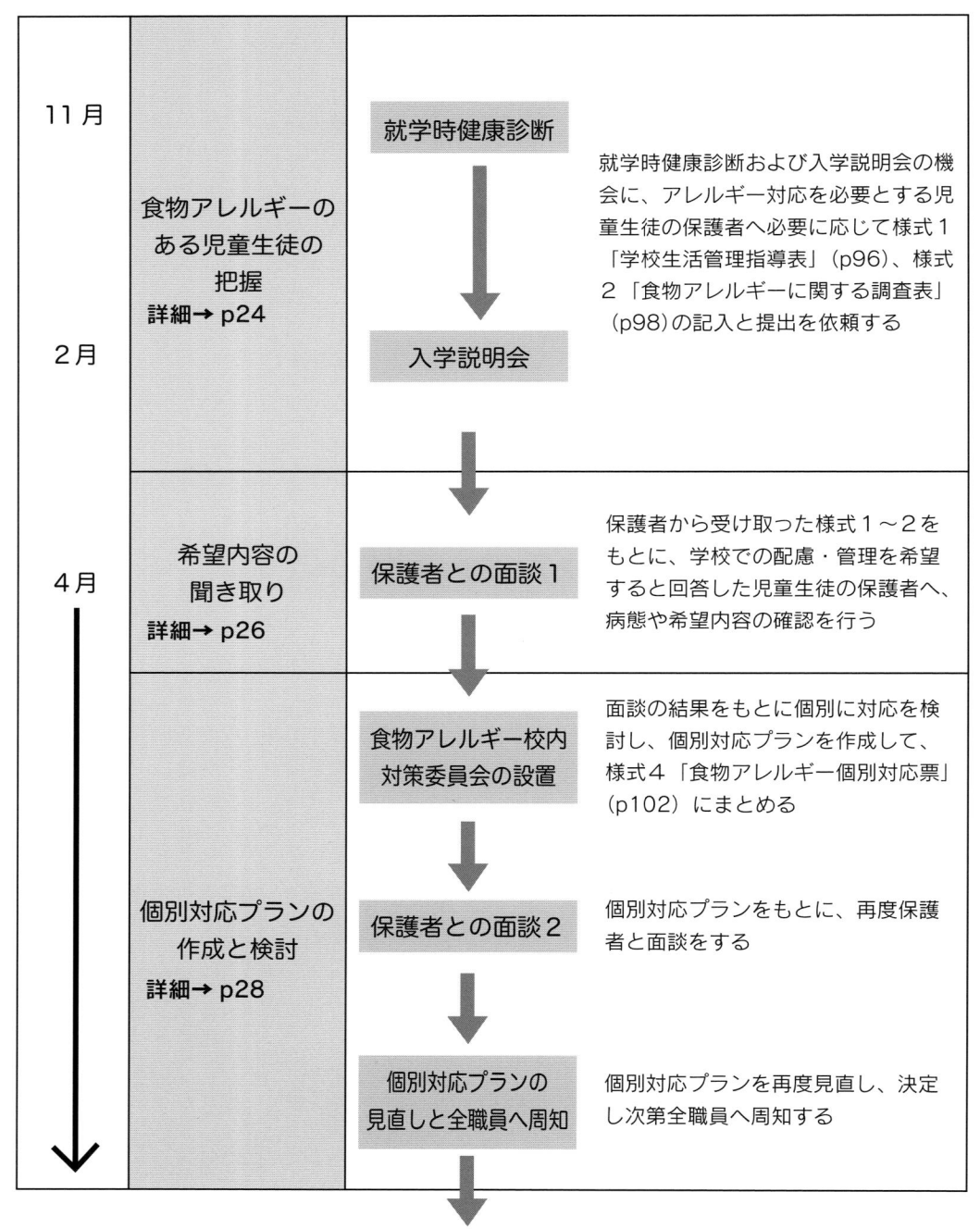

| 時期 | 段階 | フロー | 説明 |
|---|---|---|---|
| 11月〜2月 | 食物アレルギーのある児童生徒の把握　詳細→ p24 | 就学時健康診断 → 入学説明会 | 就学時健康診断および入学説明会の機会に、アレルギー対応を必要とする児童生徒の保護者へ必要に応じて様式1「学校生活管理指導表」（p96）、様式2「食物アレルギーに関する調査表」（p98）の記入と提出を依頼する |
| 4月 | 希望内容の聞き取り　詳細→ p26 | 保護者との面談1 | 保護者から受け取った様式1〜2をもとに、学校での配慮・管理を希望すると回答した児童生徒の保護者へ、病態や希望内容の確認を行う |
| | 個別対応プランの作成と検討　詳細→ p28 | 食物アレルギー校内対策委員会の設置 | 面談の結果をもとに個別に対応を検討し、個別対応プランを作成して、様式4「食物アレルギー個別対応票」（p102）にまとめる |
| | | 保護者との面談2 | 個別対応プランをもとに、再度保護者と面談をする |
| | | 個別対応プランの見直しと全職員へ周知 | 個別対応プランを再度見直し、決定し次第全職員へ周知する |

↓

**対 応 開 始**　詳細→ p30

※給食開始に間に合わせるのが理想的です。

## 対応開始後のフローチャート

| 時期 | 項目 | 様式 | 内容 |
|---|---|---|---|
| 9月頃 | 個別対応プランの中間評価 | 様式4「食物アレルギー個別対応票」の中間報告 | 定期的に、校内対策委員会において個別対応票の中間評価を行い、必要な修正を加える。<br>＊アナフィラキシーショックが発生した後は必ず行う |
| 2月〜3月 | 次年度の準備 | 次年度に活用する書類の配布 | 学校での配慮や管理を継続する児童生徒の保護者に対し、「学校生活管理指導表」(p96)の再提出を依頼する |

### アドバイス

食物アレルギー対応においては、新入生を迎えて新学期がスタートする4月が最も緊張する季節です。特に新入生や新たな食物アレルギーがわかった児童生徒に関しては、校内対策委員会にて随時「食物アレルギー個別対応票」の見直しを行いましょう。

また、食物アレルギーは治療や年齢とともに軽減していくことも多いものです。学年が上がったタイミングで除去が必要なくなった食物などについても必ず確認しましょう

# 3 食物アレルギーのある児童生徒の把握

## 新入生の場合

入学前年11月頃に行われる就学時健康診断と2月頃に行われる入学説明会において、アレルギー対応を必要とする児童生徒の保護者は申し出るように伝え、様式1「学校生活管理指導表」[※1]様式2「食物アレルギーに関する調査表」[※2]を渡し、提出を依頼します。中学校、高等学校では就学時健康診断がないため、入学説明会での配布がよいでしょう。

4月、担任が決定した段階で提出された上記書類をもとに保護者との第1回の面談を実施します。その内容をもとに、管理職の指導のもと、校内に食物アレルギー対策委員会を設置、児童生徒ごとの個別対応プランを組み、保護者との第2回の面談で合意がとれ次第、対応開始となります。

※1 →p96
※2 →p98

---

**ポイント**
- 学校生活管理指導表は医師に記入してもらわなくてはなりません。作成に時間がかかることもありますから、入学時に確実に学校生活管理指導表を提出してもらえるよう、前もって声かけをしておくことが大切です。
- 呼びかけだけでなく通知文の配布や就学時健康診断で記入してもらう事前調査票のアレルギーの項目も確認して提出を呼びかけましょう。

---

## 在校生の場合

対応を開始してからも、個別対応プランの見直しを必要とする場合は随時、食物アレルギー校内対策委員会で検討を行います。少なくとも半期に一度は見直しが必要です。

また、在校中に新たな食物アレルギーが判明し、学校での対応を必要とする場合も「学校生活管理指導表」と「食物アレルギーに関する調査表」を提出してもらいます。

食物アレルギーは成長とともに症状が治まっていくものも多くありますが、医師の診察で除去の必要がないと判断されて給食を再開する場合などは、まず家庭で食べて問題ないということを確認してもらいましょう。

## 使用する様式の解説

### （1）学校生活管理指導表（p96 参照）

平成20年に日本学校保健会より発表された「学校でのアレルギー疾患に対する取り組みガイドライン」に収録されています。「学校生活管理指導表」には医師に記入してもらう欄があるため、医師の診察を改めて受けてもらうことが必要になります。

日々変化していくアレルギーの症状を確認する重要な資料となることを保護者にも伝え、必ず毎年提出してもらいましょう。

p97には保護者・医師への記入依頼文書も紹介しています。

---

**ポイント**

「学校生活管理指導表」を医師に記入してもらうためには費用がかかる（2013年現在）ことや、受診の時間がとれないなどの理由でなかなか提出してもらえないケースも少なくありません。また、食物アレルギーと断定できないなどの理由から「医師に学校生活管理指導表を書いてもらえないので、地域のアレルギー専門医を教えてほしい」といった相談を保護者から受けることもあります。

このような相談にスムーズに対応するためにも、地域の学校間で日頃から食物アレルギーに関する医療機関の情報収集と情報交換を行っておくことが必要です。

---

### （2）補足質問用紙など

学校生活管理指導表を補足するための資料を独自に制作し使用している学校も多いことと思います。

本書では「食物アレルギーに関する調査表」、「面談用確認シート」、「緊急時の連絡先記入用紙」、「食物アレルギー個別対応票」を紹介していますので、各学校の状況に応じて改変し、保護者との面談時、校内対策委員会での個別対応プラン作成時などに活用してください。

集めた資料は児童生徒ごとにファイルし、緊急時にすぐに閲覧できるよう、保管場所を周知しておきましょう。

「食物アレルギーに関する調査表」（様式2）→ p98

「面談用確認シート」（様式3-1）→ p100

「緊急時の連絡先記入用紙」（様式3-2）→ p101

「食物アレルギー個別対応票」（様式4）→ p102

## ❹保護者との面談

### 書類提出～面談実施

　食物アレルギーがあると把握された児童生徒に配布した「学校生活管理指導表」と「食物アレルギーに関する調査表」については、次回の来校時にそろえて提出してもらいましょう。遅くとも入学式までにはそろえて提出してもらえるとスムーズです。

　提出された書類をもとに面談の日程を決めていきます。日程は担任が決定してからがよいでしょう。ただし、保護者から特別な要請があった場合や、緊急を要する場合[※1]はそれ以前に面談を行う場合もあります。

　面談のスケジュール調整と同時に、提出された書類について、確認点を洗い出しておくとよいでしょう。

　面談へは、管理職、担任、養護教諭、栄養教諭（学校栄養職員）[※2]が可能な限り同席します。

※1→吸入や接触によるアレルギー症状があり、入学式でも配慮を必要とする場合など

※2→配置されていない学校の場合は給食主任など

### 保護者との面談は連携の第一歩

保護者との第1回の面談は、提出された「学校生活管理指導表」と「食物アレルギーに関する調査表」をもとに、詳細を確認する目的で行います。必須の確認項目は「面談用確認シート」[※1]を参考にしてください。

※1→p100

また、調査表だけではわからない本人の性格やアレルギーに対する認識についても確認しておきましょう。神経質な児童生徒の場合はメンタル面でのケアにも配慮が必要ですし、小学校の低学年などでアレルギーに対する認識が低い児童の場合は、管理と同時に食物アレルギーについての教育も必要になります[※2]。また、今後の連携をスムーズに進めるためにも、保護者の性格や食物アレルギーに対する認識について、同時に把握しておきましょう。

※2→第4章「児童生徒への対応」も参考にしてください。

特に注意すべき点は、学校で対応できることと、対応できないこととの説明です。学校現場での対応にも限界はあり、何でも引き受けることはできません。また、医師が学校での対応について必要ではないと判断した場合は、原則として学校での対応対象外となることもあります。

しかし、いきなり「それはできません」と言ってしまうと大きな溝を生むことにもなりかねません。できれば1回は保護者の希望を傾聴し、学校での対応については、校内対策委員会での検討後に、管理職から説明してもらうとよいでしょう。検討してから代案を提示することで、納得していただけるというケースも多いです。

保護者との第1回の面談は、今後の連携に大きく影響する大切な第一歩です。大きな不安を抱えた保護者の心情に寄り添い「一緒に頑張っていきましょう」という姿勢でのぞみましょう。

---

**ポイント**

・小学校高学年での転入や中学生・高校生は、解除となった原因食物についても確認しておきましょう。

・食物アレルギーについては医師によって見解が異なることもあり、主治医を決めかねている保護者の方も多く、学校での対応開始にあたって専門医の情報提供が必要になることもあります。

## 5 個別対応プランの作成と検討

### 食物アレルギー校内対策委員会の設立と個別対応プランの作成

食物アレルギー校内対策委員会は基本的に、管理職、養護教諭、栄養教諭（学校栄養職員）、給食主任に、対象生徒の担任を加えて構成されます。センター方式であったり、栄養教諭（学校栄養職員）が複数校兼任で参加が難しかったりする場合は、栄養教諭（学校栄養職員）への情報伝達を確実に行う担当を決めておきましょう。

保護者との第1回の面談を終えて、すぐに校内対策委員会で個別対応プランの検討を行い、「食物アレルギー個別対応票」[※1]にまとめます。

※1→p102

食物アレルギー個別対応票は、対象児童生徒に関わる教員に適切な対応を周知するためのものです。緊急時にも閲覧する書類ですから、これまで話し合った内容を正しく簡潔にまとめ、誰が見てもわかるようにすることが必要です。

また個別対応票の「（5）学校における配慮」の項目などは、役割分担を決め、定期的に見直すようにしましょう。ただし、個々の教職員の責任を求めるのではなく、組織で対応できるように校内対策委員会を機能させることが重要です。

**個別対応プランの作成と周知における役割分担**

| 管理職（校長／教頭） | 全職員への「個別対応プラン」の周知（センター方式の場合は給食センターとの情報共有も含む） |
|---|---|
| 担任 | 学校生活における具体的な配慮内容をまとめる |
| 養護教諭 | 疾患、病型、持参薬、緊急時対応などの情報をまとめる |
| 栄養教諭（学校栄養職員）／給食主任 | 給食での配慮内容をまとめる |

### 保護者との面談2回目

2回目の面談では、食物アレルギー校内対策委員会で作成した個別対応プランを保護者に確認してもらい、修正を加えながら決定プランを作成します。

食物アレルギー対応については、食物アレルギーのある児童生徒が、ほかの児童生徒と同じように給食を楽しめることを目指す視点を忘れないことが重要です。保護者の中には過剰な除去を求める方もいますが、医学的根拠に基づかない複雑な対応は危機管理上望ましくありません。また、給食室の構造、給食提供の仕方も学校によって様々であり、保護者の希望通りに学校が対応するということは難しいのが現状です。

学校で対応できないことが出てきた場合も、曖昧にせずに話し合いながら個別対応プランを決定していくことが大切です。

近年特に注目を集めているのがエピペン® の使用についてだと思われます。エピペン® を持参する生徒の場合は、いざというときどの教諭がそばにいてもエピペン® の対応に戸惑うことのないように、どのように持参するかなど、保護者と確認しておくことも重要です。[※1]

入学時は子どもを新しい環境に送り出すにあたって保護者は不安な気持ちを抱えています。また、連携がうまくいくまでには時間がかかるものですから、学校側は個別対応プラン決定後も、密に連絡をとり合って必要に応じてプランを改訂していくことが大切です。

※1 →p15「エピペン® の使い方」参照。CD-ROMにもカラー資料があります。

---

**ポイント**

・主治医と学校との連携には「学校生活管理指導表」だけでは足りないというのが現状です。そのため完成した「食物アレルギー個別対応票」は、可能であれば主治医にも確認をとってもらう機会があるとよいでしょう。
・更新していく「食物アレルギー個別対応票」をファイルしておき、小学校から中学校、高等学校への引き継ぎにも利用できるとよいでしょう。

## 6 対応開始

### 職員への周知

個人情報の保護という点から、決定した「食物アレルギー個別対応票（コピー）」の配布は、担任や学年主任などの関係職員に限定し、その他の職員には、回覧などで目を通してもらうとよいでしょう。

新年度の給食開始前に対象者全員の個別対応プランを決定することが理想ですが、現実的には無理な場合も多いものです。その場合は、食物アレルギー対応をしている児童生徒の概要をまとめた「食物アレルギー一覧表」（下図参照）を作成し、職員会議などで配布して全職員に周知しましょう。その後、個別対応プランが出来上がった段階で、細かい配慮事項については打ち合わせなどで伝えておきましょう。

**図：食物アレルギー一覧表の例**

| 学年 | 組 | 名前 | 原因食物 | 面談日 | 管理指導表の有無 | エピペン持参の有無 | その他の配慮事項 | 担任教諭 |
|---|---|---|---|---|---|---|---|---|
| 年 | 組 | | | | | | | |
| | | | | | | | | |
| | | | | | | | | |
| | | | | | | | | |
| | | | | | | | | |

### 給食を開始したら

食物アレルギー対応は日々の積み重ねが重要です。担任不在時にも対応を戸惑うことがないように、毎日繰り返す給食の手順の中に確認作業も織り込むことが重要です。

例えば、教師が必ず確認するための「給食チェック表」のようなものに、食物アレルギーのある児童生徒の名前と原因食物を書いたシールを貼っておくなど、各校の環境に合わせた工夫を校内対策委員会などで検討しておきましょう。

また、周囲の児童生徒の理解を深め協力環境を作ることも必要です。第4章「児童生徒への対応」（p57）を参考にしてください。

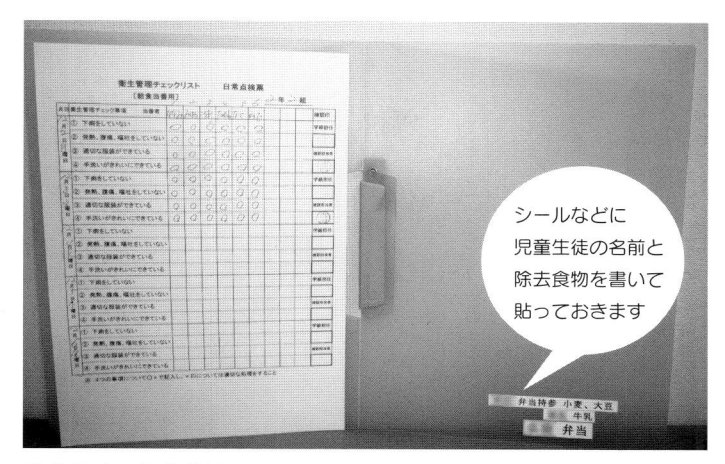

給食当番の衛生状態をチェックする給食チェック表のファイル

(吹き出し) シールなどに児童生徒の名前と除去食物を書いて貼っておきます

**《弁当持参の場合》**

　弁当対応（アレルギー対応レベル２）の場合、面談の際に、弁当持参の日にはどのように弁当を管理するかを決定しておきましょう。周囲の児童生徒と異なる食事をとることになるため、児童生徒本人の心理面にも配慮をしましょう。

## 次年度に向けて

　１～２月頃、管理中の児童生徒の保護者に、始業式までに「学校生活管理指導表」を再提出してもらえるように依頼しましょう。再提出された「学校生活管理指導表」を見て、医師の判断が前年と変わっている場合は、再度面談をして個別対応プランを検討します。

　原因食物の追加や解除がある場合は、再度面談をして、家庭での状況についても聞き取りをしておくことが大切です。

---

**ポイント**

　食物アレルギーは成長とともに症状も変化していくものであるため、「学校生活管理指導表」は、毎年新たに提出してもらう必要があることを保護者に伝えましょう。

## 7 異動時の対応

### 養護教諭が異動する場合

養護教諭が他校へ異動（休職や退職を含む）する場合、慢性疾患児の対応に関する後任者への引き継ぎはとても重要です。特に食物アレルギーに関しては、アナフィラキシーはいつ起こるかわからないものですから、慎重に引き継ぎを行いましょう。

（1）「食物アレルギー一覧表」[※1]を作成し、全対応児童生徒の原因食物や管理状況などが一目でわかるようにします。

※1 →p30

（2）食物アレルギーの児童生徒の個々の資料をすぐに取り出せるようにファイリングします。

（3）食物アレルギーに関する文書（校内・校外）を、必要に応じて保健室のPCなどですぐに印刷できるようにしておきます。

（4）可能であれば栄養教諭（学校栄養職員）とともに引き継ぎを行い、異動後の対応がスムーズにいくように配慮します（未配置校で引き継ぎに立ち会えない場合も、必ず情報共有は行いましょう）。

### 小学校から中学校、中学校から高等学校への引き継ぎ

小学校の卒業時は、保護者の承諾を得たうえで中学校の養護教諭に引き継ぎます。例えば、小学校が学校で給食を調理する自校方式、中学校がセンター方式である場合などは、給食センターとの連携が必要になるため、養護教諭の役割もさらに大きくなります。

中学校では、思春期という成長過程から、小学校とは違ったメンタル面での配慮も小学校以上に増えることが予想されます。このようなことから、卒業時の引き継ぎはもちろんのこと、年度途中にも地域の養護教諭と情報交換をする機会があるとよいでしょう。

難しいのは高校への引き継ぎです。受験に不利になると考える保護者や、「もう子どもではないのだから自分で除去ができる」と学校に連絡しない保護者が少なくないと聞いたことがあります。学校側が食物アレルギーの実態をつかめていない状況の危険性を本人や保護者に十分説明し、高校への引き継ぎもスムーズに行えるような全国レベルでの取り組みが必要です。

## 8 転校生の受け入れ

### 受け入れ体制づくり

　食物アレルギーの管理で忘れてはならないのが、転校生の受け入れです。転勤や引っ越しなどで保護者も慌ただしいために、配布された「保健調査表」などの書類がきちんと記入されていないケースも少なくありません。また、転入前の学校から健康診断表が送付されてくるのは、転入の1～2か月後ということもあり、食物アレルギーだったことが後からわかって驚いた経験もあります。

　そこで私の場合は、転入生の受け入れ時の面談には時間の許す限り、養護教諭も同席させてもらうようにしています。日本スポーツ振興センター（災害共済給付契約）の加入の同意や既に受けた検診などもその場で把握できますし、「食物アレルギーなど、心配なことはありませんか？」と声かけをすることで漏れを防ぐことができます。転校生は、転入後に不適応を起こしやすいのですが、初日に面談することで少しでも安心感を与えることができればと考えます。

　面談できなかった場合は、提出していただいた書類のお礼と確認のために家庭連絡し、ここで「食物アレルギーなど心配なことはありませんか？」と声かけをするのもよいでしょう。

　転出の場合も保護者の承諾を得て転出先に食物アレルギーであることを伝え、「学校生活管理指導表」を送付するようにしています。重症の食物アレルギーの場合は、転出先の養護教諭とたびたび連絡をとり続け、細部にわたる対応方法を引き継ぐようにします。

# 9 職員研修

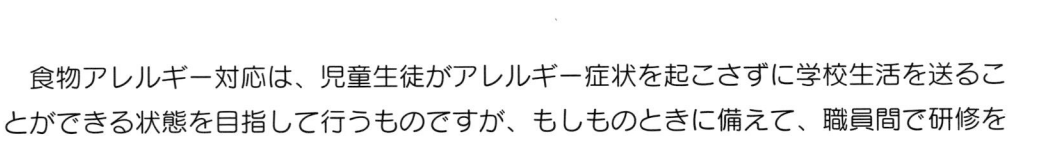

　食物アレルギー対応は、児童生徒がアレルギー症状を起こさずに学校生活を送ることができる状態を目指して行うものですが、もしものときに備えて、職員間で研修を行っておくことも重要です。
　エピペン® 使用の研修はすでに行われている学校も多いと思いますので、ここでは職員研修の一例として、アナフィラキシー対応の演習をご紹介します。

## 研修実施への準備

　4月初めの職員会議で、食物アレルギーに関する校内体制を全職員に提案し、研修実施の日程も調整します。エピペン® 使用の研修は、エピペン®を持参する児童生徒がいる場合、全ての教職員が直ちに行っておくべきですが、アナフィラキシー対応の演習は、例えば6月の水泳指導前に、救急法の研修などと併せて行うのもよいでしょう。

```
《役割分担》
研修計画作成、提案………………………………………………………… 研修主任
シナリオ作成……………………………… 保健主事・養護教諭・栄養教諭（学校栄養職員）
首にかける配役カード、電話（ケータイ可）……………………………… 保健主事
アナフィラキシーに関するＤＶＤ，ＰＣ…………………………………… 養護教諭
練習用エピペン®…………………………………………………………… 養護教諭
食物アレルギー個別対応票、緊急時対応経過記録表（p36）…………… 養護教諭
ＡＥＤ……………………………………………………………………… 体育主任
```

## アナフィラキシー対応演習（ロールプレイ）

　いつ、誰が、どこで遭遇しても冷静な対応ができるように、緊急時対応のチーム連携をロールプレイの形で演習します。

```
①6名程度のグループに分かれて、配役を決めます。
　A：食物アレルギーがあり、エピペン® を処方されている児童生徒
　B：発見者（教師）
　C：応援職員3名
　D：管理職
②1グループ数分程度のロールプレイを実施し、ほかのグループはロールプレイ後に感想
　や意見交換をします。
③すべてのグループが終了した後で、アナフィラキシー対応のポイントを全員で確認しま
　す。
```

# シナリオ

13時、食物アレルギーのある《Aさん》が昇降口でうずくまっている。くちびるが腫れて、せきが出ている。息も苦しそう。体には湿疹が出ている。
（グレード3の設定、運の悪いことに、担任と養護教諭は、出張で不在とする。）

## 【B＝発見者（教師）】

《B先生》が《Aさん》を発見、大声で応援を呼ぶ。

《B先生》は《Aさん》の足を高くして寝かせる。顔は嘔吐に備えて横向きにする。

《B先生》観察・記録を行う（症状、誤食はあったかなど、時間も記録する）。

《C1先生》のもってきた個別対応票を確認。

《Aさん》の意識がなくなる。気道確保→《C2先生》のもってきたエピペン®を打つ→心肺蘇生→AED

※《Aさん》の移動が必要な場合は必ず担架で運ぶ。

## 【C＝応援職員3名】

《C1先生》管理職に連絡。[保管場所]からファイルを持ってきて個別対応票を確認、緊急時対応経過記録表（p36参照）に記入。

《C2先生》エピペン®（保管場所はあらかじめ決めて職員間に周知しておく）や学校に持参している処方薬をもってくる。

《C3先生》AED（保管場所はあらかじめ決めて職員間に周知しておく）をもってくる。意識がない、呼吸がない場合は心肺蘇生を行い、AEDを使う。

## 【D＝管理職】

《D校長または教頭先生》なるべく多くの職員を集め、現場へかけつける。判断・指示を行う。
・保護者への連絡、主治医または学校医への連絡
・救急車の要請（下記参照）

## 【119番通報のシナリオ】

・救急です。食物アレルギーによるアナフィラキシー患者です。
・給食開始○分経過後に〔学校名〕、○年の〔児童生徒氏名〕が呼吸困難です。全身のじんましんやぜんそく様の呼吸音もあります。
・エピペン®の処方者で、○時○分にエピペン®を摂取しました。
・私は〔学校名〕の○○です。住所は〔　〕、目印は〔　〕、電話番号は〔　〕です。
・救急車が到着するまでの応急手当の方法を教えてください。

☆救急車同乗：B先生(情報を最も把握している先生が望ましい)
・エピペン®登録票、学校生活管理指導表、緊急時対応経過記録表、使ったエピペン®を持参。
・エピペン®を使用した場合はそのことを伝える。

# 資料

## 緊急時対応経過記録表

児童生徒氏名＿＿＿＿年＿＿＿＿組　氏名＿＿＿＿＿＿＿＿＿＿＿＿＿＿＿＿

記載者氏名＿＿＿＿＿＿＿＿＿＿＿＿＿＿＿＿＿＿＿＿＿＿＿＿＿＿＿＿

| 1 | 誤食した時間 | 年　　月　　日　　時　　分 | | |
|---|---|---|---|---|
| 2 | 食べたもの | | | |
| 3 | 食べた量 | | | |
| 4 | 処置 | ・口の中のものを取り除く・うがいをする・手を洗う | | 時　　分 |
| | | 薬の内服・吸入（内容　　　　　　　　　） 有・無 | | 時　　分 |
| | | エピペン®の使用 | | 時　　分 |
| 5 | 症状 | グレード1 | 【皮膚症状】部分的なじんましん、あかみ、弱いかゆみ | 時　　分 |
| | | | 【粘膜症状】軽い唇やまぶたの腫れ | 時　　分 |
| | | | 【呼吸器症状】鼻汁、鼻が詰まる、軽いせき | 時　　分 |
| | | | 【消化器症状】軽い腹痛、単発の嘔吐 | 時　　分 |
| | | | 【全身症状】何となく元気がない | 時　　分 |
| | | グレード2 | 【皮膚症状】広範囲のじんましん、あかみ、強いかゆみ | 時　　分 |
| | | | 【粘膜症状】唇やまぶた、顔面の明らかな腫れ | 時　　分 |
| | | | 【呼吸器症状】ときどき繰り返すせき | 時　　分 |
| | | | 【消化器症状】明らかな腹痛、複数回の嘔吐や下痢 | 時　　分 |
| | | | 【全身症状】元気がない、横になりたがる | 時　　分 |
| | | グレード3 | 【粘膜症状】のみ込みづらさ | 時　　分 |
| | | | 【呼吸器症状】せき込み、声がれ、あえぎ、息苦しさ、呼吸困難、チアノーゼ | 時　　分 |
| | | | 【消化器症状】強い腹痛、繰り返す嘔吐 | 時　　分 |
| | | | 【全身症状】ぐったりしている、立ち上がれない、意識がない | 時　　分 |
| 6 | バイタルサイン | 脈拍　　　　回／分 | | 触れる・触れない |
| | | 呼吸状態　　　　回／分 | | 荒い・ふつう |
| | | 体温（平熱　　　℃） | | ℃ |

# 第3章 学校給食における食物アレルギー対応

1 学校給食における
   食物アレルギー対応…38

2 学校給食対応の流れ……42

3 学校給食提供の準備……44

4 給食センター(共同調理場)の
   場合………………54

# 1 学校給食における食物アレルギー対応

## 学校給食における対応の基本方針

学校給食は、栄養バランスのとれたおいしい食事を通して健康な心身を育むとともに、児童生徒が皆で一緒に食べる体験を通して「食の大切さ」「食事の楽しさ」を理解する、生きた食育の教材としての役割も担っています。

食物アレルギーの児童生徒が、ほかの児童生徒と同様に給食を楽しめることを目指し、学校給食が原因のアレルギー症状を発症させないように、関係者の共通理解・協力体制のもとで実施します。不必要な食事制限は、児童生徒の健全な成長発達の妨げになりますので、主治医の診断のもと、保護者からアレルギー歴や現在の状況などについて正確な情報を得て、保護者と学校関係者の十分な話し合いのうえ、無理のない適切な対応の方針を決めることが大切です。

対応にあたっては、各学校、各調理場の施設・設備面や栄養教諭（学校栄養職員）の配置などの実態に応じて、食物アレルギーの児童生徒の視点に立ったアレルギー対応給食を提供することを目指し、教育委員会の指導のもと、管理職をはじめ関係者全員が危機管理意識を持ち、組織として取り組むことが求められています。

## 学校給食における段階別対応レベル

学校給食での食物アレルギー対応は、レベルごとに以下のように大別されます。調理する学校や調理場（給食センター）の状況と食物アレルギーの児童生徒の実態（重症度や除去品目数、人数など）を総合的に判断し、現状で行うことのできる最良の対応を検討することが大切です。

| | |
|---|---|
| レベル1　詳細な献立表対応 | 学校給食の原材料を詳細に記入した献立表を家庭に事前に配布し、それを基に保護者や担任などの指示もしくは児童生徒自身の判断で、学校給食から原因食品を除外しながら食べる対策。すべての対応の基本であり、レベル2以上でも詳細な献立表は提供すること。 |
| レベル2　一部弁当対応 | 普段除去食や代替食対応をしている中で、除去が困難で、どうしても対応が困難な料理において弁当を持参させる。 |
| レベル3　除去食対応 | 申請のあった原因食品を除いて給食を提供する。 |
| レベル4　代替食対応 | 申請のあった原因食品を学校給食から除き、除かれることによって失われる栄養価を、別の食品を用いて補って給食を提供する。 |

出典：文部科学省

## レベル1：詳細な献立表対応

「詳細な献立表対応」は全ての対応の基本であり、詳細な献立表はレベル2以上でも作成します。

詳細な献立表とは、「アレルギー物質を含む食品に関する表示指導要領」に準拠して、献立に使用される食材料のアレルゲン含有に関する情報をまとめたものです。そのため、食材料の納入業者に原材料配合表やアレルギー食品に関する資料の提供を求め、漏れがないように作成します。

栄養教諭（学校栄養職員）は、給食実施の前に、詳細な献立表を家庭と担任に配布します。児童生徒は、それをもとに保護者や担任などの指示や児童生徒自身の判断で、その日の献立から原因食品を除きながら食べます。

> **→ 問題点**
>
> 最も誤食事故が起きやすい対応ですので、担任は除去食物と給食内容を日々確認する必要があります。特に担任が不在の場合には、代わりの職員に必ず情報を伝え、誤食を防ぐことが大切です。
>
> また、治ったと思った者がその日の体調や季節の変化で発症したり、新規に発症したりすることもあります。教職員全員が基礎知識をもち、万が一、発症した場合の体制を整えておくことが大切です。

## レベル2：一部弁当対応

「弁当対応」には、全ての給食の献立に対して弁当を家庭から持参してもらう「完全弁当対応」と、普段、除去食対応などをしている中で、除去がどうしても困難な献立で弁当を持参してもらう「一部弁当対応」があります。

まず、詳細な献立表をもとに事前に保護者と相談して弁当を持参する献立を決めます。持参した弁当は、保管する場所や時間を決め、安全で衛生的に保管します。複数のアレルゲン（アレルギー原因食品）がある場合、1食の給食で除去食対応（レベル3）のメニューと、一部弁当対応のメニューが混在することがあります。栄養教諭（学校栄養職員）や調理員、担任などの関係者は綿密に連携をとり、給食内容を十分に把握し、誤食事故が起きないようにすることが大切です。

> **→ 問題点**
>
> 弁当持参は、特に保護者の理解と協力が必要です。必要であれば栄養教諭（学校

栄養職員）は、栄養価が確保できるよう弁当づくりの相談に応じます。また、給食とは違った献立を学級で食べることになるため、ほかの児童生徒が不審に思ったり、いじめのきっかけになったりしないように教育的配慮を十分にする必要があります。

### レベル3：除去食対応

「除去食」とは、アレルゲンを除いた学校給食を指します。単品で牛乳や果物を除いた場合も除去食に該当します。

（1）栄養教諭（学校栄養職員）は普通食を基本にして除去献立を立て、調理指示書[※1]を作成します。献立によって、調理過程の途中で取り分けたり、最初から別鍋で調理したりします。安全に調理するため、栄養教諭（学校栄養職員）、調理員は作業工程表[※2]、作業動線図[※3]などを作成し、コンタミネーション[※4]がないように、関係者で綿密な打ち合わせをし、衛生管理にも注意して作業を行います。

※1→p47
※2→p48
※3→p49
※4→本来混入すべきでない物質の微量混入

（2）出来上がった給食は調理、配食、配膳、配送（給食センター）について、それぞれの工程の担当者を含む複数人でチェックします。保護者や担任には、事前に、食物アレルギー用献立表などの資料を配布し、給食時は担任が給食内容を確認し、誤食事故がないように注意します。

（3）栄養教諭（学校栄養職員）や調理員は食物アレルギー対応食に取り組むための研修を積み、必要な資質を身につけることが必要です。また、除去食を調理する場合は、担当する調理員などを明確にします。

〈物理的措置〉

| | |
|---|---|
| 作業ゾーン | 区画された調理スペースが望ましいのですが、なければ調理室の一角を囲い、専用スペースとするとよいでしょう。<br>対応者が多くなければ、90×180cm程度のスペースでも十分対応が可能です。 |
| 機器 | 移動調理台にIH調理器などを設置して対応します。<br>シンク、冷蔵庫、電子レンジ、加熱機器（IH調理器、ガスコンロなど）、調理台、配膳台などを必要に応じて用意します。 |
| 調理器具 | 専用の鍋、フライパン、ボール、さいばし、汁じゃくしなどが必要です。 |
| その他 | 個人用容器は、学年・組・氏名を明記した料理別の容器が必要です。一般の食器類と区別して保管しましょう。<br>自校式→ラップやふたで覆いをして運搬します。<br>給食センター方式→揚げ物や煮物などは耐熱密封容器に、和え物やサラダなどは密封容器に保冷剤を添付して運搬します。学校では受け取り専用のスペースを確保します。 |

#### → 問題点

除去食対応は代替食対応とともに、学校給食における望ましい形とされていますが、学校および調理場の状況と食物アレルギーの児童生徒の実態（重症度や除去品

目数、人数等)を総合的に判断し、関係者は、食物アレルギーやアナフィラキシーに関して正しい知識をもち、現状で可能な最良の方法を選択することが大切です。

　保護者の求めるまま無理な対応を行うことは、事故を招く危険性をはらんでいるため、医師の診断と指示に基づき、現実的な対応を行うことが必要です。

### レベル4：代替食対応

　「代替食」とは、保護者から申請のあった原因食品を除き、それによって失われる栄養価を別の食品で補って提供する学校給食です。学校給食における対応としては最も望ましい対応とされています。

　除去食対応に加えて、通常給食とは別に代替食材を用意し、全く別に調理作業ができるよう、作業分担、調理指示書や作業工程表、作業動線図を作成し、安全に作業ができるようにします。対応人数や食品が多い場合には、食物アレルギー担当の調理員を確保することが必要となります。

　また、給食（普通食）とは違った献立を学級で食べるため、ほかの児童生徒に十分な説明をし、理解と協力を求めておくことが大切です。

#### → 問題点

　除去食対応以上に作業工程が複雑化します。代替食用のために少量購入した食材料の保管や管理、**保存食**、**検食**等の配慮も必要です。また、出来上がりの給食は、栄養価や見た目が普通食と差が出ないように、使用食品や調理法を工夫します。

**保存食**とは、万が一食中毒事故等が発生した場合、理化学検査ができるように、原材料および調理済食品を－20℃以下で2週間以上、冷凍保存するもの

**検食**とは、あらかじめ責任者を決め、当日の給食に異常がないかどうか、児童生徒が食べる概ね30分前に検食するもの

# ❷学校給食対応の流れ

　安全に食物アレルギー対応を実施するには、校長のリーダーシップのもと、献立を立案する栄養教諭（学校栄養職員）、安全に調理する調理員、児童生徒の食事の様子や変化を見ている担任、日々の健康管理を行う養護教諭等、教職員全員の共通理解が必要です。

## ■ 調理場別　学校給食対応フローチャート（例）

| 時期 | | | | 自校式 | 給食センター方式 |
|---|---|---|---|---|---|
| 11月<br><br>2月<br><br>4月 | 就学時健康診断<br>↓<br>入学説明会 | 食物アレルギーのある児童生徒の把握<br><br>詳細→p24 | | **保護者からの情報収集**<br>就学時健康診断および入学説明会の機会に、アレルギー対応を必要とする児童生徒の保護者へ、必要に応じて様式1「学校生活管理指導表」（p96）、様式2「食物アレルギーに関する調査表」（p98）の記入と提出を依頼する | |
| | | 希望内容の聞き取り<br><br>詳細→p26 | | **保護者との面談1**<br>保護者から受け取った様式1、2をもとに、学校での配慮・管理を希望すると回答した児童生徒の保護者に病態や希望内容を確認する | |
| | | 個別対応プランの作成と検討<br><br>詳細→p28 | | **食物アレルギー校内対策委員会の設立**<br>面談の結果をもとに、個別に対応を検討し、個別対応プランを作成して、様式4「食物アレルギー個別対応票」（p102）にまとめる | |
| | | | | **保護者との面談2**<br>個別対応プランをもとに、保護者と面談をする | |
| | | | | **個別対応プランの見直しと全職員への周知** | |
| | | | | 校長が対応実施を決定 | 校長より給食センター長に対応の依頼をする |
| | | | | | 給食センター長が対応の実施を決定 |
| | | | | | 対応開始　→p30 |

※給食開始に間に合わせるのが理想的です。

## 個別対応プランを踏まえた校内連携

　栄養教諭（学校栄養職員）は、食物アレルギーの児童生徒がほかの児童生徒と同様に給食時間を楽しみ、安全・安心な学校生活が送れるように、学校給食を取り巻くハード・ソフト両面を考慮し、児童生徒の立場に立った対応について、関係者と連携、調整していくことが大切です。

　やむを得ず献立の急な変更（使用食品の変更も含む）がある場合、献立立案者である栄養教諭（学校栄養職員）は管理職等に速やかに連絡し、担任を通して該当する児童生徒に確実に伝え、適切な対応がとれるようにします。

　食物アレルギーの児童生徒をもつ保護者は、異なる学校段階（保育所・幼稚園、小学校、中学校等）へと進む時点で、それぞれの学校等での食物アレルギー対応の様子がわからなくて不安に感じ、学校に問い合わせをする場合があります。このようなときは、管理職を通して、現在通園・通学している幼稚園や小学校の関係者と連携をとり、個別対応プラン等をもとに状況を把握し、メンタルな部分を含めて相談に応じる場を設けるとよいでしょう。

　栄養教諭（学校栄養職員）は可能な限り、アレルギー児童生徒の学級を訪問したり、保護者や養護教諭等と連携を密にしたりして、対象者の最新の状況を把握し、給食に対する要望や評価を話し合い、対応の充実に生かすことが大切です。それとともに、日頃から栄養教諭（学校栄養職員）や養護教諭は他校の仲間と連携をとり、様々なケースに備えて、事例研究をする機会をもちましょう。

---

**ポイント**

　現在、全ての学校に栄養教諭（学校栄養職員）が配置されているわけではありません。校内に常駐している栄養教諭（学校栄養職員）がいない場合は、学校の窓口として、給食主任や養護教諭が、献立作成者である教育委員会や在籍しているほかの学校の栄養教諭（学校栄養職員）と連絡をとり、相談しながら対応方法を決めます。

## ❸学校給食提供の準備

### 献立作成

食物アレルギー対応食は普通食を基本として行いますので、献立作成をする栄養教諭（学校栄養職員）は、次のようなことに配慮して、できるだけリスクを少なくします。

#### （1）除去を意識した献立

調味料や加工食品等は可能な限りアレルゲンを含まない食品を選定します。特に、鶏卵・牛乳などの使用頻度の高いアレルゲンの除去対応がしやすいように、鶏卵・牛乳などを使わない調理方法を工夫しましょう。また、地産地消を生かした自然な食材から調理することも大切です。

#### （2）新規に症状を誘発するリスクの高い食物の少ない献立

えび・かに、キウイフルーツ等は幼児期以降に新規発症傾向があり、そば、ピーナッツは誘発症状が重篤になりやすい傾向があるため、これらの加工食品の選定や使用頻度に配慮します。

#### （3）調理室における調理作業を意識した献立

作業スペースや調理器具類、作業量などを十分に把握し、アレルゲンの混入が避けられる作業工程や作業動線を意識した献立表を作成します。

### チェックポイント

アレルギーを引き起こす可能性のある食品については、加工食品等に原材料を表示する制度があります（食品衛生法施行規則）

アレルギー表示対象品目

| 必ず表示される7品目（特定原材料） |||
|---|---|---|
| 卵 | 乳 | 小麦 |
| えび | かに | そば |
| 落花生 | | |

| 表示が推奨されている20品目 <br> （特定原材料に準ずるもの） |||
|---|---|---|
| あわび | いか | いくら |
| オレンジ | キウイフルーツ | 牛肉 |
| くるみ | 鮭 | さば |
| 大豆 | 鶏肉 | バナナ |
| 豚肉 | まつたけ | もも |
| やまいも | りんご | ゼラチン |
| ごま | カシューナッツ | |

具体的な表示例

| 野菜コロッケ |
|---|
| 《原材料名》　じゃがいも　にんじん<br>たまねぎ　砂糖　小麦粉加工品　食塩<br>卵白粉　パン粉　でん粉　小麦粉<br>粉末水あめ　脱脂粉乳　グアーガム　水 |

| カレールウ |
|---|
| 《原材料名》　小麦粉　豚油　砂糖　食塩<br>でん粉　カレー粉　脱脂粉乳　香辛料<br>トマトパウダー　チーズ　粉末ソース<br>バナナペースト　はちみつ　ピーナッツ<br>バター　酵母エキス　ココア<br>ポークブイヨン　りんごペースト<br>ポークエキス　調味料（アミノ酸） |

## 献立作成上の注意点

栄養的な面と作業工程や調理器具などの作業面についても考慮し、無理な対応は避けましょう。

（1）1週間、1か月の単位で献立を見直します。
- 献立に同じアレルゲンが連続していないかどうか
- 特定原材料やそれに準ずる食品の使用頻度が多くないか
- 1日の献立の中では、アレルゲンが重複していないかどうか
  （例：五目チャーハン（（炒り卵に卵使用））と卵スープなど）

（2）加工食品等を使用する際には、必ず原材料配合表を取り寄せ、使用食材の確認をします。献立作成段階で原材料が特定できない場合は使用しません（油揚げやがんもどきなど、原材料が特定できないものも含みます）。
- 冷凍フレンチポテトなどは油調理してあるため注意が必要です[※1]。
- 小魚の中にはえびやかにが混入しているので注意しましょう。
- ちくわやかまぼこなどの練り製品の原材料の魚は、えびやかにを食べているので注意が必要です。
- そばと同じラインでほかの麺類（うどん等）の製造がある場合があるため、コンタミネーションがないか製造元に必ず確認します。

※1→ 大豆油などアレルゲンになる油を使っている場合があるため。

（3）献立名を見て、一目でアレルギー物質が含まれていることがわかるようなネーミングにすることも大切です。（例：「チーズ入りハンバーグ」など）

### 詳細な献立表

「詳細な献立表」とは、献立に使用される食材料について確認できる献立表のことです。加工食品については、メーカーに原材料配合表等を取り寄せ、漏れ落ちがないようにします。

表示例【なると巻き】

| 原料配合（%） | | アレルギー物質該当原材料 |
|---|---|---|
| 原材料名 | % | |
| たらすり身 | 29.5 | |
| いとよりすり身 | 29.5 | |
| 馬鈴薯でん粉 | 5.4 | |
| 小麦でん粉 | 3.0 | 小麦 |
| 塩 | 2.5 | |
| 砂糖 | 2.0 | |
| 卵白 | 2.0 | 卵 |
| 魚肉エキス（たい） | 1.0 | |
| 紅こうじ | 0.1 | |
| 水 | 25.0 | |

※使用している魚はえび・かにを食べています。

原材料配合表の表示の例【さばのピリ辛漬け】

| 原料配合（%） | | アレルギー物質該当原材料 |
|---|---|---|
| 原材料名 | % | |
| さば | 92.80 | さば |
| しょうゆ | 4.10 | 小麦・大豆 |
| 砂糖 | 2.10 | |
| 赤みそ | 0.55 | 大豆 |
| みりん | 0.30 | |
| トウバンジャン | 0.10 | 大豆・小麦 |
| ごま油 | 0.05 | ごま |

（注意）加工食品を使用する際は、検収時に注文どおりの品か必ず確認します。

### 調理指示書について

調理指示書はその日の献立の材料名や分量、切り方や作り方の調理方法を示したもので、栄養教諭（学校栄養職員）が作成します。

食物アレルギー対応食の調理指示書は、普通食から取り分けて調理をする場合と最初から調理をする場合とで違います。普通食から取り分けて調理をする場合は、普通食の調理指示書にどのタイミングで取り分けて調理をするのか、ほかの食品や調味料を使う場合は材料名や分量を書き込むなどの細かな指示事項を書きます。最初から作る場合は、別に作成します。いずれも誤った調理をしないように、必ず文書にして調理員に指示を出します。

ここでは、普通食から取り分けてアレルゲン（牛乳）を調理過程で取り除いた調理を行う例を示します（p47）。

### 作業工程表と作業動線図

栄養教諭（学校栄養職員）が作成した調理指示書をもとに、担当者[※1]は、調理作業を衛生的に効率良く行うため、作業工程表、作業動線図を作成します。アレルギー食対応の作業工程表と作業動線図は、普通食の作業工程表と作業動線図に必要な事項を書き加えることで、コンタミネーションを防止をすることができます。そのため必要です。

作業工程表は、どの時点で普通食から取り分けて除去食を作るのか、誰が担当するのか、担当者の作業内容を時間を追って示し、かけもち作業をしないように明確に記入します（p48）。

作業動線図は、食品の動線を示し、交差汚染を防ぐために作成します。アレルギー対応コーナーを設け、普通食の食品とは別に動線を示し、コンタミネーションを防ぎます。

ここでは調理指示書と同様に取り分けて調理する方法を記載します（p49）。

※1 学校によって異なりますが、栄養教諭（学校栄養職員）もしくは調理員が作成します。

## 調理指示書の例

食物アレルギー対応調理指示書（例）

除去品目：牛乳　献立：鮭のムニエル、白菜のクリーム煮、野菜サラダ

| 献立名 | 材料名 | 1人分数量(g) | 作り方 | アレルギー対応食 |
|---|---|---|---|---|
| 白菜のクリーム煮 | 白菜 | 30 | ①人参、玉ねぎ、じゃがいも、白菜を切る。②バター、小麦粉、半量の牛乳でホワイトルウを作る。③釜にサラダ油を入れ、鶏肉を炒める。玉ねぎ、人参を入れて炒める。④鶏がらスープを入れて沸騰後にじゃがいもを加える。白菜を加える。★牛乳アレルギー分をとりわける。⑤ホワイトルウと生クリームと残りの牛乳を入れて煮込む。⑥調味する | ◆鶏肉と野菜を煮たものをホワイトルウと生クリームと牛乳を入れる前に取り分け、アレルギー対応コーナーで豆乳を入れ、米粉でとろみをつける。牛乳30gを豆乳30gへ変更、米粉は一人1g使用 |
| | 鶏肉 | 20 | | |
| | 人参 | 10 | | |
| | 玉ねぎ | 25 | | |
| | じゃがいも | 35 | | |
| | 小麦粉 | 4 | | |
| | バター | 3 | | |
| | 牛乳 | 30 | | |
| | 生クリーム | 4 | | |
| | 鶏がらスープ | 30 | | |
| | 塩 | 0.4 | | |
| | こしょう | 0.01 | | |
| | サラダ油 | 1 | | |
| 野菜サラダ | ブロッコリー | 20 | ①ブロッコリー、カリフラワーを茹でて冷ます。②ホールコーンもゆでて冷ます。③ドレッシングで和える。 | ★コンタミネーション防止のため、サラダを仕上げる時は白菜のクリーム煮から離れた釜を使用する。 |
| | カリフラワー | 20 | | |
| | ホールコーン | 10 | | |
| | ドレッシング | 2.5 | | |
| 鮭のムニエル | 鮭 | 50 | ①鮭に塩、こしょうをしておく。②鮭に小麦粉をまぶして、溶かしバターをかけて焼く。 | ◆鮭のソテー　バター2gを除去し、替わりにサラダ油2gで焼く。※最初に焼く。 |
| | 小麦粉 | 4 | | |
| | 塩 | 0.5 | | |
| | こしょう | 0.02 | | |
| | バター | 2 | | |

# 食物アレルギー対応作業工程表（例）[牛乳除去]

平成　年　月　日（　）

| 汚染作業 | 非汚染作業 | | | | | | | | |
|---|---|---|---|---|---|---|---|---|---|
| 献立名 | 担当者 | 8:00 | 8:30 | 9:00 | 9:30 | 10:00 | 10:30 | 11:00 | 11:30　12:00 |

**A**　検収 →

**白菜のクリーム煮**
- 〈下処理〉白菜、人参、玉ねぎ、じゃがいも
- ルウ作り（牛乳）　※サラダへのコンタミ注意
- B　ブロッコリー、カリフラワー　→　エプロン交換・手洗い・靴履き替え　→　ブロッコリー切り・カリフラワー切り　→　白菜、人参、玉ねぎ、じゃがいも切り　→　エプロン・手袋　→　鶏肉入れ　→　鶏肉炒める・煮込み・調味　→　煮込み・調味　→　手袋　→　配食・配送

**野菜サラダ**
- C　→　コーン缶切り・ドレッシング開封　→　食器用意　→　手洗い　→　茹で冷却　→　残留塩素濃度測定　→　エプロン・手袋　→　手洗い　→　和える　→　温度確認　→　手袋　→　配食・発送

**その他**
（アレルギー用クリーム煮　アレルギー用ムニエル）
- D　→　鉄板準備　→　[クリーム煮] 煮込み・調味（豆乳）／[ムニエル] 焼き（サラダ油）　→　配食　→　配送準備・積み込み

アレルギー対応食
（年○組　○○○○）
1) 白菜のクリーム煮（牛乳除去　豆乳代替）
2) 鮭のムニエル（バター除去　サラダ油代替）

**鮭のムニエル**
- E　バターを溶かす　→　小麦粉をまぶす　→　鮭を焼く　→　中心温度
- F　鮭下味　→　牛乳数え　→　エプロン・手袋　→　配送・配送　→　手洗い　→　エプロン・手袋　→　片付け

作業工程表を作成するに当たっては、献立名、担当者名、タイムスケジュール、衛生管理点が記載されていること。

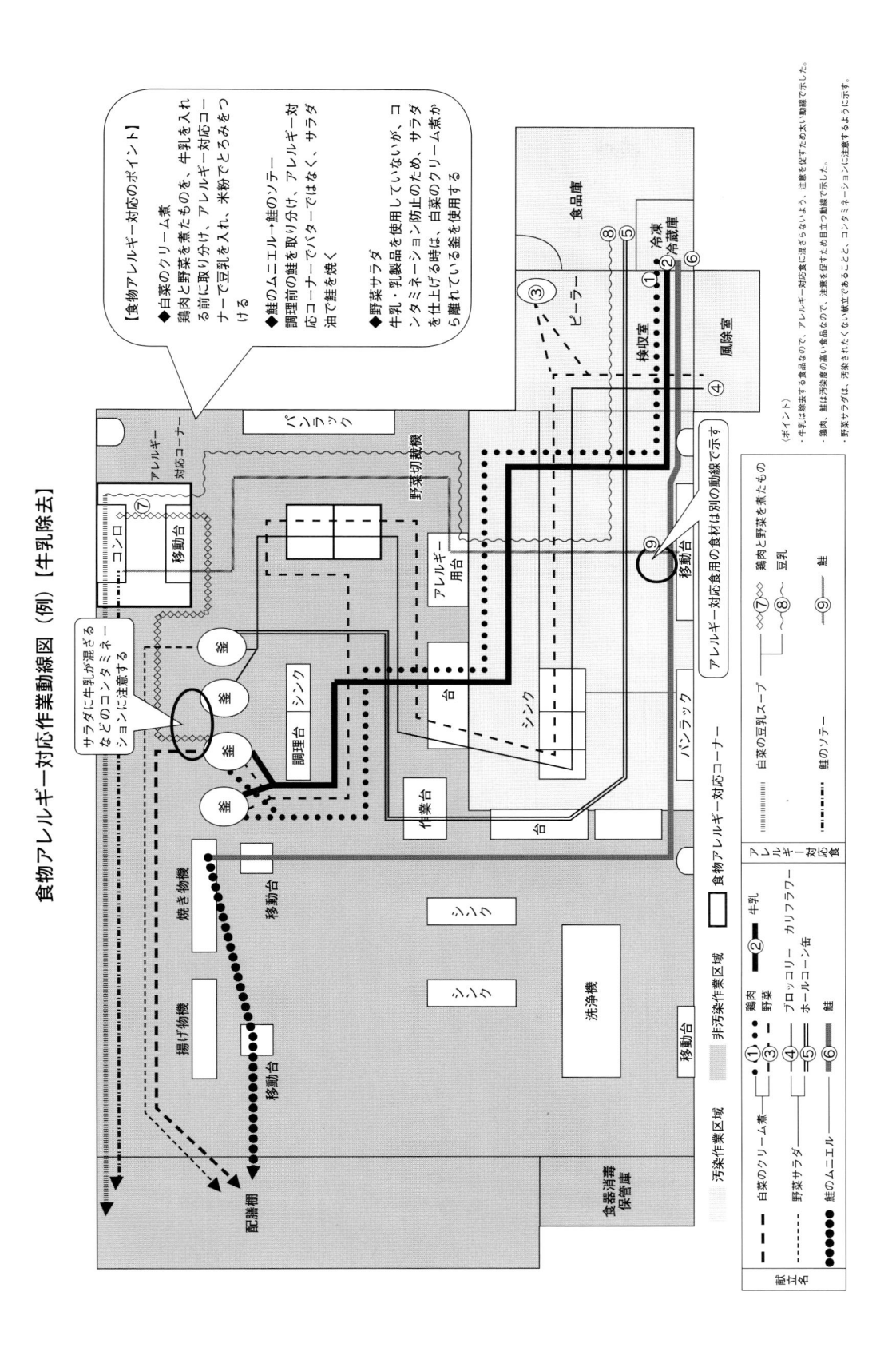

**食物アレルギー対応作業動線図（例）【牛乳除去】**

[食物アレルギー対応のポイント]

◆白菜のクリーム煮
鶏肉と野菜を煮たものを、牛乳を入れる前に取り分け、アレルギー対応コーナーで豆乳を入れ、米粉でとろみをつける

◆鮭のムニエル
調理前の鮭を取り分け、アレルギー対応コーナーでバターではなく、サラダ油で鮭を焼く

◆野菜サラダ
牛乳・乳製品を使用していないが、調理ミキネーション防止のため、サラダを仕上げる時は、白菜のクリーム煮から離れている釜を使用する

サラダに牛乳が混ざさるなどのコンタミネーションに注意する

アレルギー対応食用の食材は別の動線で示す

（ポイント）
・牛乳は除去する食品なので、アレルギー対応に混ざらないよう、注意を促すための太い動線で示した。
・鶏肉、鮭は汚染度の高い食品なので、注意を促すため目立つ細線で示した。
・野菜サラダは、汚染されたくない献立であることと、コンタミネーションに注意することを示す。

| 献立名 | |
|---|---|
| ーーー | 白菜のクリーム煮 ①・・・③ |
| ・・・・・ | 野菜サラダ ④ー⑤ |
| ●●●●● | 鮭のムニエル ⑥ |
| ーーー | 白菜の豆乳スープ ⑦ 鶏肉と野菜を煮たもの |
| | ⑧ 豆乳 |
| ーー・ーー | 鮭のソテー ⑨ 鮭 |

汚染作業区域 ▓▓ 非汚染作業区域 □ 食物アレルギー対応区域

牛乳 ●② 鶏肉 ①③ 野菜 ブロッコリー ④ カリフラワー ⑤ ホールコーン缶 鮭 ⑥

## 除去食の実際例

| 原因食品 | 献立名 | 除去食の具体的な対応 |
|---|---|---|
| 鶏卵 | パン粉つきのフライ類 | ・小麦粉と水で衣を作り、パン粉をつけて揚げます。または、材料に下味をし、でん粉をつけてから揚げにします。<br>・ほかのフライ類を揚げる前に、新しい油で最初に揚げます。 |
| 鶏卵 | 天ぷら | ・衣に卵を使用せず、小麦粉と水で衣を作り揚げます。<br>・ほかの天ぷらを揚げる前に、新しい油で最初に揚げます。 |
| 鶏卵 | 卵スープ・親子丼 | ・卵を入れる前に別鍋に取り分け、個別に調理します。 |
| うずら卵 | うずら卵入りの煮物（エッグカレーなど） | ・うずら卵を入れる前に別鍋に取り分け、個別に調理し配食します。 |
| 乳 | シチュー | ・ルウや牛乳を釜に入れる前に別鍋に取り分け、米粉やでん粉でとろみをつけたり、牛乳の代わりに豆乳を使用するなどして個別に調理し配食します。 |
| 乳 | ピラフ | ・最初にバターで玉ねぎや人参を炒めて作るため、初めから別の炊飯器や専用鍋で調理し配食します。 |
| チーズ | 魚のチーズ焼き | ・魚の上にチーズをのせずに焼き、個別に配食します。 |
| チーズ | ミートソース・ミネストローネ | ・粉チーズを混ぜる前に別鍋に取り分け、個別に調理し配食します。 |
| 大豆 | 大豆入り煮物・ポークビーンズ | ・大豆を入れる前に別鍋に取り分け、個別に調理し配食します。 |
| 大豆 | 豚汁（豆腐・油揚げ） | ・豆腐、油揚げを入れる前に別鍋に取り分け、個別に調理し配食します（重症な場合はみそも除去し、代替調味料で味付けをします）。 |
| 大豆 | さばのみそ煮 | ・さばを最初から別鍋でしょうゆと砂糖で個別に調理し配食します。（※重症でみそも除去する場合） |
| いか・えび・あさり | 中華丼・八宝菜など（いか・えび） | ・えび、いかを入れる前に別鍋に取り分け、個別に調理し配食します。 |
| いか・えび・あさり | あさりごはん | ・あさりは最初からほかの野菜と一緒に混ぜて炊くため、初めから別の炊飯器や専用鍋で調理し配食します。 |
| 小麦 | 天ぷら | ・米粉と水を溶いて衣を作り、つけて揚げたり、または、素揚げをしたりします。<br>・ほかの天ぷらを揚げる前に、新しい油で最初に揚げます。 |
| 小麦 | カレー | ・カレールウを加える前に取り分け、カレー粉などで味つけし、米粉を使用してとろみをつけ個別に配食します。 |
| ごま | ナムル・ごま和え | ・ごまを入れる前に野菜を取り分け、個別に味付けし配食します。 |

### 調理に入る前の注意点

アレルギー対応食の調理中は安全と衛生管理に注意し、アレルゲンが混入しないように、常に整理整頓し、清潔を保つようにします。

（1）栄養教諭（学校栄養職員）は調理指示書にアレルギー対応食の調理についてどのタイミングで取り分けるかなどを詳しく明記しておきます。

（2）毎日、どの児童生徒にどのような対応をするのかを記入した「食物アレルギー対応指示書（下図参照）」と、個別に給食と一緒に付けて使用する「食物アレルギー対応カード（下図参照）」を作成しておきます。

※該当する児童の出欠席については、当日の朝に確認します。

（3）アレルゲンの混入が避けられる作業工程表、作業動線図を作成し、アレルギー対応食を担当する調理員や調理する場所等を事前に決めておきます。

（4）毎日の作業開始前に給食従事者（栄養教諭・学校栄養職員・調理員）は、食物アレルギー対応指示書をもとに献立内容、調理指示書、作業工程表、作業動線図、配膳方法など、綿密な打ち合わせをします。

「食物アレルギー対応指示書」（その日に対応する内容をまとめたもの）【記入例】

| 日・曜日 | 学年学級 | 氏名 | アレルゲン | 料理名 | 指示内容 | 栄養教諭等 | 調理員 |
|---|---|---|---|---|---|---|---|
| 9/10（火） | 3年3組 | ○○▼▼▼ | えび・いか | 中華丼 | えび・いかの除去 | | |
| 9/10（火） | 4年2組 | ◆◆ □□ | うずら卵 | 中華丼 | うずら卵の除去 | | |
| 9/11（水） | 2年1組 | ■■ △△ | 大豆 | きなこ揚げパン | きな粉除去 砂糖と塩で味付け | | |

「食物アレルギー対応カード」（配膳時個人皿に貼る個票）【記入例】

```
            アレルギー対応食
                           平成○年○月○日
○年○組　○○○○
アレルゲン：乳
■クリーム煮（牛乳除去・豆乳代替）
■ムニエル〔バター除去・サラダ油代替〕
```

| 確認欄 | 調理 | 盛付 | 最終確認 | 担任 |
|---|---|---|---|---|
| | 時　分 [　　] | 時　分 [　　] | 時　分 [　　] | 時　分 [　　] |

記入上の注意
① 学年・組・氏名を正確に記入します。
② アレルゲンや献立名、対応がわかるように明記します。
注）調理や盛り付け、最終確認者（栄養教諭等）、担任への受け渡しなど複数名で確認し、サイン（押印）をします。

## 調理

調理作業は、事前の打ち合わせ通り、確実に実施します。

(1) 専用調理室[※1]があるとよいのですが、ない場合は、調理室内に専用スペースを設け、はっきりわかるように、ラインを引くなどします。また、専用冷凍冷蔵庫や消毒保管庫がない場合は、専用ケースを利用したり、庫内を明確に区分したりします。専用調理器具には、シールやマジックで印をつけ、識別できるようにして使用します。

(2) 食材の検収時には、発注した通りの食品かを原材料表示の目視により確認をします。（例えば甜麺醤に予定外の「ピーナッツ」「ごま」が入っているものが納品されたなどの例もあります）

(3) 下処理作業はアレルギー対応食用食材を優先して行います。

(4) アレルギー食担当者は作業の明確化や担当者の意識を高めるためにも専用のエプロンを着用して作業を行います。

(5) 加工食品を調理する場合、アレルゲンの混入を防ぐため、アレルギー対応の加工品を最初に調理（揚げる・焼く）をします。

(6) アレルギー対応食用の調理指示書、作業工程表、作業動線図等に基づき調理しますが、やむを得ず変更する場合は必ず赤字などで訂正して記録に残しておきます。有事の際に必要になります。

(7) 調理の途中で勝手に味付けの変更などをしないようにします。[※2]

いずれの場合も声かけをしながら作業を進めます。

[※1] 専用調理室を設けている学校はほとんどないのが現状です。

[※2] 例えば風味付けにサラダ油の代わりにごま油を使用するなど

---

### 書類の掲示法

ホワイトボード等を設置してその日のアレルギー対応が一目で確認できるように工夫します。
◆作業工程表、作業動線図、アレルギー対応指示書等

> 献立ごとに対応を書き出して掲示しています

### 調理風景

調理室内に専用の作業ゾーンを決め、使用する器具類にはシール等で印をつけ、ほかの普通食で使用するものと識別できるようにします。
◆作業ゾーン：90×180cm程度のスペース
◆器具類：鍋、フライパン、ボール、おたま、はかり等

> アレルギー対応食専用エプロンを着用

> シールで識別し専用器具とします

### 配膳・運搬

（1）調理済みのアレルギー対応食は、コンタミネーションや取り間違いが起きないよう、事前に置き場所を決めておきます。　　※1→p51

（2）調理指示書や食物アレルギー対応指示書などをもとに、調理に誤りがないかを調理担当者と担当者以外の調理関係者と確認し、「食物アレルギー対応カード」[※1]に確認のチェックをします。

（3）間違いがないことを確認したら、ふたやラップフィルムをし、アレルゲンの混入を防ぎます（下図参照）。

（4）アレルギー対応食が確実に児童生徒に届くよう、事前に作成しておいた「食物アレルギー対応カード」とともに提供します。
　※アレルギー対応食の食器やトレイは、普通食とは別の色の物を用意し、アレルギー専用とするとよりわかりやすくなります。

（5）アレルギー対応食の受け渡しは、通常の給食のようにクラスのワゴンにのせたり児童生徒に手渡したりするのではなく、調理関係者から決まった受取者（担任や学年主任など）に直接手渡します。個別の「食物アレルギー対応カード」と照らし合わせ、アレルギー対応食の献立名、対応食材、おかわりの禁止などの情報を必ず伝え、受取者と受取時間を記録しておきます。

---

**アレルゲン混入防止の工夫**

■ ふたと「食物アレルギー対応カード」の活用

食物アレルギー対応カードはこのように、トレイに置いて使用すると良いでしょう

■ ふたがない場合はラップフィルムでも対応可能

「○○さんの分のアレルギー対応食です。」

「たしかに受けとりました！」

受け渡しは直接手渡しで行いましょう

## 4 給食センター（共同調理場）の場合

### 学校側の注意点

　学校給食における基本方針は自校式（単独調理場）と同様です。給食センターは、各学校（校長）からの依頼をもとにアレルギー対応を開始しますので、学校は、管理職のリーダーシップのもと、校内体制を整備し、個別対応プランを作成し、給食センターと連携を十分にとって、安全な食物アレルギー対応を行うことが大切です。

　特に、初めて食物アレルギー対応を開始する場合は、給食実施責任者である教育委員会の基本的な対応方針に基づき、給食センターや関係者と十分協議のうえで実施します。

　食物アレルギー児童生徒の把握は単独調理場と同様に行います。
（p43「個別対応プランを踏まえた校内連携」参照）

　給食センター方式では、学校に栄養教諭が常駐していないことがほとんどです。常駐していない場合は、校長の指導のもと、給食主任及び養護教諭等が窓口となり、給食センターとの連絡調整を行います。また、給食を作っている様子が見えないことで、一般教員の意識が希薄にならないよう、食物アレルギーに関して正しい知識と危機管理意識をもつような研修が必要です。

　学校では、給食センターから配送された給食を誰がどこでいつ受け取ったかを記録し、当該児童生徒に確実に渡るようにします。教室では、担任等が給食センターからの個別の「食物アレルギー対応カード」に注意し、誤食がないように確認します。

---

**ポイント**

　給食センター方式では、作る側（給食センター）と食べる側（学校）が離れているため、言葉や文書だけではなかなかお互いの思いが伝わりにくく、思わぬ落とし穴にはまる危険性があります。

　「百聞は一見にしかず」です。多忙極まりない職場ですが、実効性のある研修の一つとして、ぜひとも食物アレルギー対応の開始前に、作る側と食べる側がお互いに職場訪問をして、日々のスムーズな対応に備えることが望まれます。

　学校関係者は、給食センターを訪問し、調理の様子を見たり（聞いたり）、栄養教諭（学校栄養職員）から、作る側の配慮や食物アレルギーの基礎知識の話を聞いたりします。

また、給食センターの栄養教諭（学校栄養職員）や調理員は、学校の受け取り室や教室での食事風景を見学し、様々な児童生徒の動きに即刻対応せざるを得ない忙しい学校現場において、誤配や誤食が起きないよう、様々な工夫のヒントをもらい、対応に生かすことが大切です。

### 給食センター側の注意点

　給食センターでは、教育委員会の指導のもと、給食センター側の現状と対象校の食物アレルギーの児童生徒の実態（人数等）などから決定された対応について、各学校からの食物アレルギー対応児童生徒一覧を受理して行います。

　給食センターでのアレルギー対応食実施状況は地域によって様々ですが、重症度等に合わせた個別の対応は難しいため、除去するアレルゲンの種類（特定原材料など）を決めて対応することも多くあります。初めに患者数が多く、使用頻度の高い卵と乳の完全除去対応から開始し、次にこれらを含め、特定原材料７品目の完全除去対応とすることも一つの方法です。

　特に、給食センターでは、除去を意識した献立作成や新規に症状を誘発する食品の少ない献立に配慮します。また、食品の使用量が多く急な献立変更の際には複数の対象校の対応が困難なことから、入手しにくい食品の使用は避けるようにします。

　給食センターは配送があるため、温かいものはランチジャー等に、また、冷たい物は食品保存容器等（保冷剤を付ける）の密閉容器に詰め、配送がしやすく、配膳員にわかりやすいようにします（次ページ参照）。

　万が一、学校からアレルギー事故の連絡があった場合、給食センターは、アレルゲン食材混入経路の調査として、速やかにアレルギー対応食献立表、調理指示書、作業工程表、作業動線図、食物アレルギー対応指示書、食物アレルギー対応カード、配膳方法の書類や保存食の用意をします。学校側の指示や連携により原因究明をして、再発防止策を立てます。

**給食センターの流れ**

① 各学校から「食物アレルギー対応児童生徒一覧」を受理
↓
② 除去や調理作業を意識した献立作成
↓
③ 原材料の明確な物資の選定
↓
④ 原材料を詳細に記入した詳細な献立表の作成
↓
⑤ 調理指示書・作業工程表・作業動線図の作成
↓
⑥ 調理関係者の綿密な打ち合わせ
↓
⑦ 給食対応実施（調理、配食、配膳、配送）

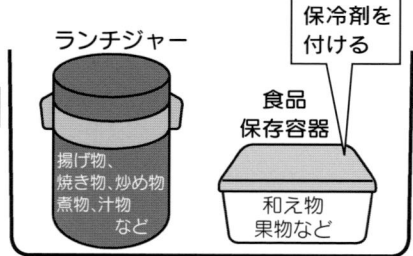

配食風景

1人分ずつに確認しながら盛り付けます

ランチジャー
揚げ物、焼き物、炒め物、煮物、汁物 など

保冷剤を付ける

食品保存容器
和え物、果物など

# 第4章 児童生徒への対応

1 子どもたちに伝える
　食物アレルギー………58

2 学校生活における管理…63

児童生徒向け
　パワーポイント資料…67

# 1 子どもたちに伝える食物アレルギー

## 児童生徒に指導する際の目標

　以前は、「さばを食べるとじんましんができる」とか「えびを食べると唇が腫れる」といった症状が食物アレルギーだとイメージする人が少なくなく、アナフィラキシーのような「命に関わる症状」までイメージする人はそれほど多くはいなかったように思います。しかし、最近ではニュースなどの報道も増え、食物アレルギーの認識は大きく変化しているといっても過言ではありません。

　ところが、実際に食物アレルギーのある児童生徒が安心して通える学校や地域づくりが進んでいるかといえば、決してそうとは言えない現状があります。教職員一人ひとりが、食物アレルギーのある児童生徒の不安感に寄り添い、自分にできる支援に積極的に参加する思いや行動力を身につけなければなりません。

　食物アレルギーのある児童生徒やほかの児童生徒の指導を通して、食物アレルギーのある児童生徒が安心して通える学校や地域づくりを目指すとともに、子どもたちが自分と違う人間を排斥しない強い意思をもった人に成長してくれることを願います。

## 対象児童生徒への指導

　誤食などのトラブルを防ぐために最も重要なことは、対象児童生徒への指導です。「食べてはいけないとわかっていてもつい食べてしまった」ということが起きないためにも、自己管理能力の育成が最重要課題であることは事実です。

　しかし、管理する側の不安感から焦って指導すると、思わぬことから本人を傷つけたり、保護者との間に溝を生んだりします。まずは、保護者の理解と協力を得られるようにきめ細かい打ち合わせが必要です。食物アレルギーの症状や対応は一人ひとり違うので、「学校生活管理指導表」などを使って、医療機関と連携をとり、そのうえで「いつ」「誰が」「どんな内容の」指導をするのかを検討します。指導は、担任、養護教諭、栄養教諭（学校栄養職員）など関係職員がＴＴ[※1]で行うことが望ましく、その指導は計画的に、さらには継続的に実施します。

[※1] team teaching

当然のことながら、小学校入学時、中学年、高学年、中学校、高等学校と成長するにつれ、指導内容は変化します。小学校低学年のうちは、自己管理が難しいので担任や担任以外の教師がサポートすることが多くトラブルも少ないのですが、小学校中学年くらいから心理的にも不安感が強くなり、疎外感を感じる児童も多くなるようです。

　逆に「今まで大丈夫だったから」と本人も周りも油断して、誤食するなどトラブルも起きやすくなります。小学校高学年からは宿泊行事も始まるので、それまで以上にきめ細かい管理と指導が必要になります。

　中学校になると、担任以外の教科担任制になり、部活動も始まるため、校内の共通理解がさらに重要になると同時に本人の自己管理能力が不可欠となります。さらに高等学校では、「もう大人だから」と保護者から学校への連絡がないケースも少なくないのが現状です。

## ストレスへの対応

　成長期の子どものことですから、食のストレスは想像以上のものがあります。また、何気なく言われた言葉でひどく傷つくこともあります。担任をはじめ、養護教諭や栄養教諭そして全職員が食物アレルギーのある児童生徒を見守り、常に声かけをするなどの配慮が必要です。

　特に養護教諭は、対象児童がいつでも来室しやすい関係を日頃から心がけておくことが大切です。誤食したことをすぐに伝えられなかったり、不調を訴えられなかったりして対応が遅れることがあってはなりません。

　また、運動会や遠足などの学校行事に対する不安感が強いことにも理解が必要です。お弁当やおやつのことなど、対象児童生徒が不安な事柄に対して事前打ち合わせをもてるように配慮しましょう。養護教諭は、どんな小さな変化も見逃さない観察力と対象児童を不安にさせない包容力が必要です。

## ほかの児童生徒への指導

　慢性疾患などの個人情報に関しては守秘義務がありますが、食物アレルギーに関しては少し扱いが異なります。なぜなら、周りの児童生徒の協力なしでは管理も指導も不可能だからです。

　たまに「ほかの友だちには知られたくないのですが」と保護者から言われることがありますが、ほかの友だちに知られずに原因食物を除去するのはかなり難しく、リスクも高くなります。保護者のこのような希望は、いじめや排斥を危惧してのことが多いので、保護者と丁寧な話し合いをもち、理解していただいたうえで、カミングアウトできるとよいでしょう。

　また、小学校の場合は、給食だけでなく、食品の空き箱を図工で使用したり、放課後遊びに行った家庭でおやつをいただいたりすることもあるので、ほかの保護者の協力も必要です。できれば、児童生徒への指導前に保護者会などで協力を求め、その後に指導を実施すると家庭教育にもつながって効果的です。

　最近の小学校では、縦割り活動といって異年齢で給食を食べたり遠足に行ったりする学校も多いので、そのような場合は同じ学級以外の児童への指導も必要になります。中学校や高等学校でも、部活動や委員会活動で昼食をとったりする場合がありますから、同じクラスだけでなく、学校全体での協力体制をつくるとよいでしょう。

## 児童生徒向け掲示用資料

### 特に重症な児童生徒を迎える場合

「牛乳が1滴口についてしまっただけでアナフィラキシー」などの重症な食物アレルギーの場合は、給食時はもちろんのこと、あらゆる場面で周りの協力が必要になります。「行ってきます」と家を出た瞬間から「ただいま」と帰宅するまで危険と隣合わせといっても過言ではありません。

例えば、登校時につないだ友だちの手に朝食で飲んだ牛乳がついていたら…、工作のために持参した牛乳パックが洗っていないものだったら…、こぼれた牛乳を踏んだ上履きで体育館のマットの上を歩いたら…、などの数え切れないほどの不安を抱えて登校しているのです。そんな不安な気持ちを周りの児童生徒に理解してもらい、自分たちにできる具体的な方法をみんなで考え出す指導が大切です。

一方的に協力を強制する指導法は、「めんどうな子」「怖い子」「関わりたくない子」といったイメージを生み、マイナスの心理がいじめに発展しないとも限りません。「自分たちで友だちを守ろう！」という意識が大切ですし、「みんな違ってみんないい」といった特別支援の考え方をベースにした学級経営が重要です。また、児童生徒だけでなく、保護者会などで協力を求めることも必要です。友人と遊んでいる最中の買い食いや、誕生会でケーキを出すことなど、保護者の協力なしでは対応できないことがたくさんあるからです[※1]。

このように、重症な食物アレルギーの児童生徒を受け入れることは多くの困難と課題が山積みです。しかし、このことが周りの子どもたちの心の成長にどんなに大切な経験を生み出すかは言うまでもありません。「情けは人のためならず」です。

※1 ほかにも街中や電車内での周囲の人の飲食がアナフィラキシーを起こすこともあります。

## 学校種別注意点

### ■小学校

　小学校での対応は、周囲の大人のサポートが不可欠です。給食時間には担任だけでなく複数教諭で対応できるとよいでしょう。低学年の場合は、自らのアレルギーについて本人が把握しきれていないこともあります。保護者から、どの程度の理解と把握ができているのかも詳しく聞いておきましょう。本人の不安に寄り添いながら、自己管理ができるように指導していくことが必要です。もちろん、周囲の児童の協力も不可欠です（p60参照）。

### ■中学校〜高等学校

　中学校になると、担任以外の教科担任制になり、部活動も始まるため、校内の共通理解と本人の自己管理能力が不可欠となります。また、幼児や小児の食物アレルギーは適切な対応で症状が自然に治まっていくこと（自然寛解）もありますが、小学校で食物アレルギー対応をしていた生徒で、中学校からは対応が必要なくなった場合は必ず医師の診断を確認しましょう。

　高等学校の場合は、地域を離れる生徒も多く学校間の連携がとりにくいことに加え、「もう大人だから」と保護者から学校への連絡がないケースが少なくないのが現状です。しかし自己除去対応をとるとしても、学校側が生徒のアレルギーについて把握しておくことは必須です。保護者だけでなく生徒にも声かけをしましょう。

　食物アレルギーの報告がない生徒であっても、それまでアレルギー症状が出たことのない食物での新規発症や、食物依存性運動誘発アナフィラキシーを発症する事例は少なくありません。いつでも緊急時対応がとれるように校内連携体制を整えておくことが重要です。

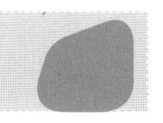

# ❷学校生活における管理

　学校生活において、食物アレルギーへの配慮や管理を求められる場面は、給食だけではありません。食材を使う授業や行事はもちろんのこと、食材が入っていた空き箱や容器などの使用、食材で汚れた衣服、原因食物の嘔吐物、通学路の環境（飲食店）など、様々な活動のリスクを想定し、必要な配慮について保護者と丁寧に確認し、個別対応プランを作成します。

## 食材を使う授業・行事

| 配慮すべき教材、教具 | アレルゲン | 例 |
|---|---|---|
| ・原因食物に使用した食器や調理器具<br>・原因食物が付着している衣類や手袋<br>　（給食の白衣は要注意）<br>・原因食物が付着した清掃用具<br>・体育館のマットや跳び箱<br>・給食後の机やいす（座布団や防災頭巾）<br>・風船やストローなど口にくわえるもの | 牛乳 | 牛乳パック、乳脂や小麦が原材料の石けん |
| | 小麦 | 小麦粘土、クッキー缶や菓子の空き箱、小麦粉が入っていた袋（米袋のような大袋）、乳脂や小麦が原材料の石けん |
| | 卵 | 卵パック、卵の殻 |
| | ピーナッツ | ピーナッツの殻 |
| | その他 | ゴム手袋や輪ゴム（ラテックス）※バナナ、キウイフルーツ等が原因食物の場合はアレルギーの症状を起こすことがある |

　食物アレルギーの児童生徒の中には、原因食物を食べなくても、微量の原因食物の吸入や接触でアレルギー症状を起こす児童生徒がいます。このような吸入や接触による食物アレルギーは、本人も気づかないうちにアレルギー症状を起こすことが多いため、食材を扱う授業や行事についてはもちろんのこと、食材以外の教材を扱う場合も、事前に保護者と詳細な打ち合わせが必要です。

■牛乳パック

　リサイクルのために、児童生徒が給食後に牛乳パックを解体、洗浄、回収する活動は、どんなに気をつけても微量の牛乳が周囲に飛び散ります。活動を行う時間や場所の検討、さらに徹底した後片付けが必要です。また、図工や総合的活動などで、牛乳パックを使用する場合も、家庭できれいに洗浄してから回収するなどの配慮が必要です。

■乳脂や小麦が原料の石けん

　学校で使用する石けんは、アレルギーの原因食物が原材料に含まれていないか、保護者にも確認してもらいます。理科の実験などで石けんを使用する場合も同様です。

■小麦粘土

　口に入れても安全ということで、保育園や幼稚園でも小麦粘土が教材として使用されることが多いようですが、小麦アレルギーがある場合、粘土に含まれる小麦に接触することでアレルギーを起こす場合があります。小麦アレルギーの児童生徒がクラスにいる場合はもちろん、クラスにいない場合も、廊下などに展示した作品で接触する可能性があるため、小麦を使用していない粘土[※1]を使用するようにします。

■卵のパックやマヨネーズの容器

　図工や生活科などで、卵のパックやマヨネーズの容器を使用する場合も、牛乳パック同様に家庭できれいに洗浄してから回収します。それでも安全ではない場合もあるため、例えば、生活科の水鉄砲遊びにはマヨネーズの容器ではなく、ケチャップの容器に変更するなどの工夫が必要です。卵の殻を使った工作の後に目が腫れたという事例もあります。

■風船やストローなど口にくわえるもの

　理科の実験や生活科の授業で、風船やストローなどを使用する場合も注意が必要です。アメリカでは、ピーナッツを5時間前に食べた恋人とキスをしてアナフィラキシーショックを起こし、死亡した事例もあります。「口にするものは、絶対に共有しない」ことを約束しましょう。

※1 《代わりに使用できる教材》木になる粘土（おがくずから作られた粘土）とうもろこし粘土（とうもろこしで作られた粘土）

### 調理実習

■事前打ち合わせ

　調理実習計画を立てた後に献立や食材の変更を行うと、食物アレルギーの児童生徒に心理的な負担をかけることになりかねません。
・計画を立てる前に、本人や保護者と打ち合わせを行いましょう。
・食材だけでなく、調味料やルウの原材料を確認しましょう。
・吸入や接触による食物アレルギーの場合には、同じ教室で調理することも大変危険です。

■調理器具や食器の事前洗浄

　調理器具や食器に原因食物が付着している可能性があります。調理実習前に、関係職員できれいに洗浄しておきます。

■ほかの児童生徒の協力

　調理中に食材の交換や調理器具の貸し借りが行われたり、原因食物

を誤食することがないよう、本人と保護者の了解を得て、ほかの児童生徒に食物アレルギーの話をします。理解と協力も教育の一環です。

## 運動（体育・部活動）

原因食物を摂取した後に運動することで、アナフィラキシーを起こすことがあります。これを、「食物依存性運動誘発アナフィラキシー」※1といいます。多くの場合は、原因食物の摂取後、2時間以内の運動で発症することが多いようですが、それ以上経過してから起こる場合もあります。原因食物がわかっていて、それを食べてしまった場合は、4時間は運動を避けましょう。

※1 →p74

### ■朝食や給食で原因食物をとらない

朝マラソン、休み時間、部活動など学校生活と運動は切り離せません。登校する日はもちろんのこと、部活動などがある休日も、朝食や昼食で原因食物を絶対にとらないようにすることが重要です。

### ■昼休みや午後の体育は要注意！

昼食との関連で昼休みや午後の体育の時間などに発症しやすいので、不調を訴えた場合はすぐに休養させ、注意深く経過観察を行います。

食物依存性運動誘発アナフィラキシー以外にも、体育館のマットや跳び箱に原因食物（パンくずなど）が付着していて、顔が腫れたり、目が腫れたりすることもあります。体育で使用する用具の管理も重要です。

## 宿泊を伴う活動（合宿・修学旅行など）

### ■事前準備

宿泊を伴う活動は、子どもたちにとって楽しみな学校行事のひとつですが、アレルギー疾患のある児童生徒にとっては、保護者から離れることで精神的な不安が大きいのも事実です。全ての子どもたちが安心して参加できるよう、事前準備をしっかり行い、管理職のリーダーシップと関係職員のチームワークで、子どもたちに素晴らしい思い出をプレゼントしましょう。

次ページの①〜⑥については、養護教諭が1人で行うのではなく、食物アレルギー校内対策委員会で役割分担をします。医療機関への依頼などは、管理職にお願いしたほうがスムーズにいく場合も少なくありません。

### 宿泊を伴う活動前のチェックポイント

① **食事（食材）の内容やアレルギー対応食などを確認！**
　　宿泊先はもちろん、移動途中で食事をとる場合も、事前に連絡をとり、アレルギー対応食ができるかどうかを確認します。

② **食材に関係した活動は要注意！**
　　飯ごう炊さん、そば打ち体験、チーズ作り、アイスクリーム作りなど校外での活動は、教諭が事前に下見に行き、活動場所や調理方法の事前確認が必須です。

③ **持参する薬の有無や管理方法を確認！**
　　宿泊を伴う活動は、食物アレルギーの児童生徒に自己管理能力をつける良いチャンスでもあります。持参する薬の使用や管理が引率職員の支援のもと、自分でできるように見守ります。

④ **搬送する医療機関を確認！**
　　エピペン® を使用した際も、早急に医療機関に搬送する必要があります。全ての活動場面で搬送できる医療機関を調べ、受け入れ可能かどうかを事前に確認しておきます。

⑤ **全行程の活動を本人や保護者と確認！**
　　食材を扱わない活動の中でも、観光地でソフトクリームを食べながら歩いている人や、電車の中でパンを食べている人に接触することで発症する危険性があります。だからといって、隔離したところで待機するような対応は望ましくありません。学校だけで悩まず、保護者に相談すると意外に良い解決方法が見つかることが少なくないようです。

⑥ **宿泊を伴う行事の個別対応プランを立てましょう。**
　　①～⑤の確認ができたら、校内対策委員会で個別対応プランを立て、関係職員で役割分担をします。個別対応プランは、保護者の確認後、最終的に管理職のサインをもらっておきます。

児童生徒向けパワーポイント資料

# 「食物アレルギーって何？」

CD-ROMにも収録

（シナリオはp69～70をご参照ください）

児童生徒に向けて食物アレルギーとはどういうものなのかを解説するためのパワーポイント資料です。新学期などにご活用ください。

＊文字表記は小学校低学年に合わせています。適宜修正してご活用ください。
＊テキストは、小学校低学年向けと、小学校中学年以上向けにわけて収録しています。

① 食もつアレルギーって何？

② きゅう食の時間、Aくんは牛にゅうをのんでいますが、Bさんはちがうのみものをのんでいます。
Bさんには食もつアレルギーがあるのです。

③ 食もつアレルギーとは、ある食べものを食べることで、ぐ合がわるくなってしまうびょう気です。
・体が赤くなってはれたり、かゆくなったりする
・せきが出る
・いきがくるしくなる
・はきそうになったり、はいたりする

④ このような食べものが原いんとなっておこります。

| | | |
|---|---|---|
| たまご | | ・オムレツ　・マヨネーズ |
| 牛にゅう | | ・クリームシチュー　・ショートケーキ |
| 小麦 | | ・パン　・スパゲッティ |
| ピーナッツ | | ・ピーナッツバターのサンドイッチ |

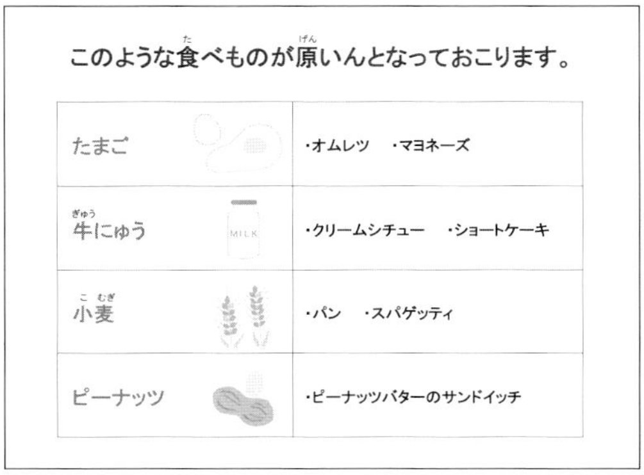

## ⑤ アレルギーがおきるし組み

体に入ってきた食べものを、わるいものだと体がまちがえてこうげきしてしまうことで、アレルギーしょうじょうがおきます。

## ⑥ 食もつアレルギーはすききらいではありません。

すききらい　あじやにおいがにが手

食もつアレルギー　食べると口がいたくなる、気もちがわるくなる

ぐ合のわるくなる食べものがある場合は、家の人や先生に知らせてびょういんでおいしゃさんにしらべてもらいましょう。

## ⑦ こんなきっかけでアレルギーしょうじょうがおこることもあります。

ひふにつく　　食後にうんどうする　　こなをすいこむ

## ⑧ 食もつアレルギーがある友だちのぐ合がわるくなったら、すぐに先生や大人をよびましょう。

## ⑨ アレルギーは年れいによってしょうじょうがかわることがあります。

## ⑩ 食もつアレルギーのある友だちがしょうじょうをおこさないですむようにみんなできょう力しましょう。

遠足のときのおやつ交かんにちゅうい　　きゅう食のときはこぼさないように行ぎよく食べましょう

# 「食物アレルギーって何？」 シナリオ編

①（小学校中学年以上向け）（小学校低学年向け）
　「食物アレルギー」とは何か、皆さんは知っていますか？

②（小学校中学年以上向け）（小学校低学年向け）
　Aくんは牛乳が大好き。
　でもBさんは給食でいつも牛乳ではなく違う飲み物を飲んでいます。
　なぜでしょうか？
　Bさんは牛乳の「食物アレルギー」があるのです。

③（小学校中学年以上向け）
　食物アレルギーとは、特定の食べ物を食べることで具合が悪くなってしまう病気です。
　しっしんが出てかゆくなったり、せきが出たり、息が苦しくなったり、吐き気があったりして、重症な場合は命に関わることもある病気です。
　（小学校低学年向け）
　食物アレルギーとは、ある食べ物を食べることで具合が悪くなってしまう病気です。
　体が赤くなってかゆくなったり、せきが出たり、息が苦しくなったり、気持ちが悪くなったりして、ひどいときは救急車を呼ばなくてはいけないこともある病気です。

④（小学校中学年以上向け）
　食物アレルギーの原因食物として多いのは卵、牛乳、小麦、ピーナッツです。ほかにもイクラなどの魚卵やキウイフルーツ、バナナ、りんごなどの果物やえび、かに、魚、そばで起こることもあります。
　（小学校低学年向け）
　食物アレルギーを起こす食べ物で多いのは、卵、牛乳、小麦、ピーナッツです。ほかにもイクラなどの魚の卵やキウイフルーツ、バナナ、りんごなどの果物、えび、かに、魚、そばなどで起こることがあります。

⑤（小学校中学年以上向け）
　本来、栄養があって体によいものである食べ物でなぜ具合が悪くなるのでしょうか？
　それは体の中にある、ウイルスなどの体に悪いものを倒す役目をもっている免疫細胞が、特定の食べ物を「体に悪いものだ」と勘違いして攻撃してしまうからなのです。
　（小学校低学年向け）
　栄養があって体によいものである食べ物でなぜ具合が悪くなるのでしょうか？
　私たちの体には、ウイルスなどの体に悪いものをやっつける仕組みがあります。
　ところが、体に入ってきたある食べ物を「体に悪いものだ」と間違えてしまい、やっつけようとすることで、体が赤くなってかゆくなったり、気持ちが悪くなったりしてしまうのです。

⑥(小学校中学年以上向け)
　食物アレルギーは好き嫌いではありません。
　味やにおいが嫌いで食べられないものは「好き嫌い」。
　食べると舌がピリピリしたり、気持ちが悪くなったりする場合は、食物アレルギーの可能性がありますから、家の人や先生に相談をして、病院で診察を受けましょう。
　(小学校低学年向け)
　食物アレルギーは好き嫌いではありません。
　味やにおいが嫌いで食べられないものは「好き嫌い」。
　食べると舌がピリピリしたり、気持ちが悪くなったりする場合は、食物アレルギーかもしれません。すぐに家の人や先生に知らせて、お医者さんに調べてもらいましょう。

⑦(小学校中学年以上向け)
　食物アレルギーは、食べるだけでなく、体に触れたり、その物質や素材の粉を吸い込んだりすることで症状が起こる場合もあります。
　また、食後しばらくは症状がなくても運動をすることで症状が現れる場合もあります。
　(小学校低学年向け)
　食物アレルギーは、食べ物が顔や手についたり、食べ物の粉を吸い込んだりすることで具合が悪くなることもあります。
　また、食べた後に体を動かして遊んだり運動をしたりすると、具合が悪くなることもあります。

⑧(小学校中学年以上向け)
　給食時間や一緒に遊んでいるときに、食物アレルギーのある友だちの具合が悪くなったらすぐに先生や大人を呼びましょう。
　(小学校低学年向け)
　給食時間や一緒に遊んでいるときに、具合の悪い友だちを見つけたら、すぐに先生や大人を呼びましょう。このとき、具合の悪い友だちには「先生を呼んでくるから、動かないでそこで待っていてね」と声をかけてください。

⑨(小学校中学年以上向け)
　食物アレルギーは年齢によって症状や原因食物が異なります。
　今は牛乳が飲めないBさんも、大きくなっていくうちに牛乳が飲めるようになるかもしれません。
　しかし、治っていないときはアレルギー症状が出てしまう可能性があるので、アレルギーのある食品は、食べてもよいという医師の診断が出るまで食べないようにしましょう。
　(小学校低学年向け)
　食物アレルギーは、大きくなっていくうちに治ることもありますし、大人になってからアレルギーになることもあります。
　しかし、好き嫌いのように自分でがんばって治すことはできません。お医者さんが食べてもよいというまで食べないようにしましょう。

⑩(小学校中学年以上向け)(小学校低学年向け)
　周りに食物アレルギーのある友だちがいる人は、友だちの食物アレルギーを理解し、症状が出ないようにみんなで協力しましょう。

# 第5章 食物アレルギー以外のアナフィラキシー

1 食物アレルギー以外の
　　アナフィラキシー……72

# 1 食物アレルギー以外のアナフィラキシー

　アナフィラキシーといえば、食物だけで起こるものだと考えていないでしょうか？　実際、学校でアナフィラキシー症状出現というと、食物に依存するものが圧倒的に多いです。しかし、実は昆虫（ハチ毒が多い）や薬剤によるアナフィラキシー、運動による運動誘発アナフィラキシー、原因のわからない特発性アナフィラキシーなどもあり得るのです。頻度としては成人に多く、小児では少ないとされておりますが、代表的なものを下記に記します。

## ハチ毒

　昆虫アレルギーは、ハチやドクガ、カ、ユスリカによるアレルギー反応が知られていますが、本稿ではハチ毒を中心に述べたいと思います。

　日本ではハチ毒アレルギーによるアナフィラキシーショックによって毎年30人前後の人が死亡しています。特に、8月から9月をピークに養蜂家や農林業に従事している人で、ハチ刺し事故が多くみられます。ヒトを刺すハチの種類は、主にミツバチと、スズメバチ科のスズメバチおよびアシナガバチです。

　初めてハチに刺されてもアナフィラキシーを起こすことがありますし、前回刺されたときは局所症状だけでも、再度のハチ刺し事故でアナフィラキシーが起こることもあります。特に、前回のハチ刺し事故の時に刺されたところの腫れが大きく広がり、すぐに引かないで数日間続いたような場合には、その危険性が高いといわれています。一般に症状の出現が早いほど、高齢であるほど重症化する傾向があります。しかし小児では成人ほど再現性[※1]は高くないとされています。

　ハチ毒アレルギーによるアナフィラキシーの症状は、多くの場合30分以内に症状が出現します。小児では全身じんましんや皮下の血管性浮腫を主体とした症状を呈することが多く、アナフィラキシーショックに至るケースは少ないとされています。アナフィラキシーを起こした場合はエピペン®を投与することが救命のために大切です。ハチに刺された既往のある児童生徒、もしくはハチに刺される危険性のある児童生徒がいれば医療機関に相談し、エピペン®処

※1→
再度のハチ刺し事故でアナフィラキシーが起こること

方の必要があるかを調べてもらいましょう。

　もしハチに刺され、ハチの毒針が残っていたら直ちに爪などで取り除いてください。

### 薬剤

　ある薬剤を、点滴あるいは内服した後に感作が成立（その薬剤に対するIgE抗体が産生されること：5日～2週間程度要します）すると、同一薬剤の再投与後に症状が出現しますが、即時型アレルギーと遅延型アレルギーで皮膚症状（薬疹）が異なります。

　即時型アレルギーでは薬剤投与後10分～30分以内に症状が出現することが多く、じんましんや血管浮腫がみられます。遅延型アレルギーでは投与後数時間から2日以内に紅色のぶつぶつした皮疹が全身にみられたり、紅い斑点が身体の一部から次第に全身に広がっていったりします。

　重症の遅延型薬疹では、高熱とともに紅斑の上に水膨れを形成し、眼や唇・口腔粘膜にも炎症を生じます。抗菌薬、消炎鎮痛薬、感冒薬、抗痙攣薬などによるものが多くみられ、重症型も多くはこれらの薬剤が原因となります。

　抗菌薬ではペニシリン系やセフェム系抗生剤によるものが即時型、遅延型ともに多くみられますが、マクロライド系やテトラサイクリン系の抗生剤も薬疹を生じます。薬剤以外にドリンク剤やウコンなどを含んだサプリメントでもアレルギーを起こすことがあります。かぜなどのウイルス感染症では、免疫系の活性化により薬剤感作が生じやすく、薬疹を起こしやすいといわれています。

　薬剤アレルギーが事前から判明していれば、該当する薬剤を学校で内服することはあり得ませんから、学校で薬剤アレルギーが発症する場合、給食後にかぜ薬などを内服して起こる即時型アレルギーのタイプであると考えられます。

　新規発症としてアナフィラキシー症状が出現してしまった場合は、速やかに医療機関へ搬送しましょう。

## 運動誘発アナフィラキシー・食物依存性運動誘発アナフィラキシー

運動誘発アナフィラキシー（Exercise-induced anaphylaxis；EIA/EIAn）とは、運動が引き金となって、じんましん、呼吸困難、血圧低下、意識消失などのアナフィラキシー症状が出現するものです。必ずしも激しい運動で起こるわけではなく、軽度の運動でも起きることがあります。運動誘発アナフィラキシーは、運動をきっかけに細胞からヒスタミンが放出されることで起きると考えられています。

一方、食物依存性運動誘発アナフィラキシー（Food-dependent exercise-induced anaphylaxis：FDEIA/FEIAn）は、ある特定食物摂取後の運動負荷によってアナフィラキシーが誘発されるものです。症状はEIAとほとんどかわりません。FDEIAは食物摂取単独あるいは運動負荷単独では症状の発現は認められないものと定義されています。原因食物は小麦製品60％、甲殻類30％とされています。コンビネーションといって複数食物が原因となる場合もあります。近年は果物や野菜などの報告が増加し、花粉症との関連も想定されています。

学校で、給食摂取後（昼休みあるいは5、6時間目）の外遊びや体育の時間に症状が出現した場合、前述したグレード表と対処法（p13～14）に基づき、適切確実に対応してください。

注意点は、FDEIAは学校で初めて症状を出すケース（新規発症）が多いということです。新規発症と考えられる児童生徒に対しては、後日、食物が関係しているのか、運動単独で起こっているのか、あるいはほかに原因があるのか、詳細な問診と検査結果に基づいた原因の絞り込みを医療機関で行ってもらってください。

FDEIAであれば原因となる食物を食べてから2時間（理想は4時間）は運動を避けることで、FDEIAはある程度予防可能ですが、症状が起きてしまったときには抗ヒスタミン薬の内服やエピペン®を使用し、救急車にて医療機関へ搬送することが必要です。EIAの場合、予防薬として既に抗ヒスタミン薬や吸入ステロイド薬を処方されている児童生徒がいると思います。運動中に症状が出現した場合には直ちに運動をやめて安静を保つことが大切です。FDEIA同様、アナフィラキシー症状が出現した場合には救急車にて医療機関へ搬送することが必要です。

# 第6章 事例集

小学校事例
　（事例提供者：養護教諭）
　　　　　　　　　　…………76
小学校事例
　（事例提供者：養護教諭）
　　　　　　　　　　…………78
小学校事例
　（事例提供者：養護教諭）
　　　　　　　　　　…………79
中学校事例
　（事例提供者：養護教諭）
　　　　　　　　　　…………80
中学校事例
　（事例提供者：養護教諭）
　　　　　　　　　　…………81
高等学校事例
　（事例提供者：養護教諭）
　　　　　　　　　　…………82
給食センター事例
　（事例提供者：栄養教諭）
　　　　　　　　　　…………84
小学校事例
　（事例提供者：栄養教諭）
　　　　　　　　　　…………86
教育委員会事例
　（事例提供者：栄養士）
　　　　　　　　　　…………87
小学校事例（事例提供者：校長）
　　　　　　　　　　…………88
保育園事例
　（事例提供者：管理栄養士）
　　　　　　　　　　…………90
幼稚園事例
　（事例提供者：栄養教諭）
　　　　　　　　　　…………91
小学校事例
　（事例提供者：保護者）
　　　　　　　　　　…………92
小学校事例
　（事例提供者：保護者）
　　　　　　　　　　…………94

養護教諭事例①
# エピペン®を持参する児童が初めて入学するにあたっての対応

和歌山県小学校の事例
事例提供者：養護教諭
給食提供方式：近隣の小学校で作った給食を配達してもらっています。

## 食物アレルギー対応の実態

| 学年 | 1年生　男子 |
|---|---|
| 原因食物 | 卵・小麦・乳・えび・かに・たこ・いか・貝類・ナッツ類・そば |
| レベル（給食対応） | 弁当対応、アナフィラキシー既往あり。エピペン®持参。 |

　本校は、開校3年目の新設校で、今年初めてアナフィラキシーの既往により、エピペン®を持参する児童が入学しました。入学前に、保護者から児童の食物アレルギーについての事前連絡があり、協議の結果、本校では代替食の弁当を持参してもらう形で対応しています。

　入学式の前には、児童の主治医に来校してもらい「食物アレルギーとその対応について」という題目で、全職員を対象とする研修会を持ちました。同時にエピペン®の打ち方についても、実技を交えた講習を受けました。

　その研修内容を踏まえたうえで、本校の安全教育部（校長、養護教諭、教諭3名）が中心になってアナフィラキシー発生時のマニュアルを作成し、全職員が対応できるように取り組んでいます。入学式以降は、担任と保護者で、改めて給食時の注意点やエピペン®の保管方法、その他学校生活上の注意点などを協議し、その都度、教職員で情報を共有しました。

　保護者の要望もあり、クラスの児童には、担任から本児の食物アレルギーについて気をつけなければならない点などの話をし、理解を得ています。また、持参した弁当は学校の食器に移し替え、できるだけほかの児童と変わらない形態で食事ができるようにしています。

　現時点（2013年11月）では、特に問題なく学校生活を送ることができていますが、これから、学年が上がるにつれて、調理実習などのさらに配慮が必要な学習も増えてくるので、その都度本児や保護者と話し合いを重ね、できる限りほかの児童と変わらない学校生活が送れるように対応していきたいと考えています。

## エピペン®保管の工夫

　本児の場合、エピペン®は自分のランドセルに入れて保管してあるため、ランドセルを入れるロッカーに、赤いテープで印を付け、誰が見てもわかるように工夫をして

あります。併せて、名札の裏やランドセルに入れられるような緊急カードを保護者に用意してもらい活用しています。

### 食物アレルギー緊急時カード

食物負荷試験実施病院を中心とした医療機関から患者へ配布されているカードの例です。

※詳しい資料をご希望の方は特定非営利活動法人ALサインプロジェクトHP（http://alsign.org/）よりお問い合わせください。

**カードおもて面**

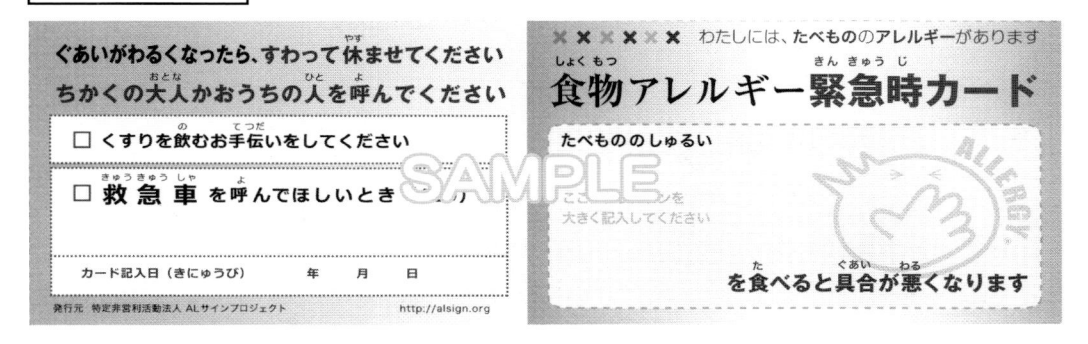

**カード中面**

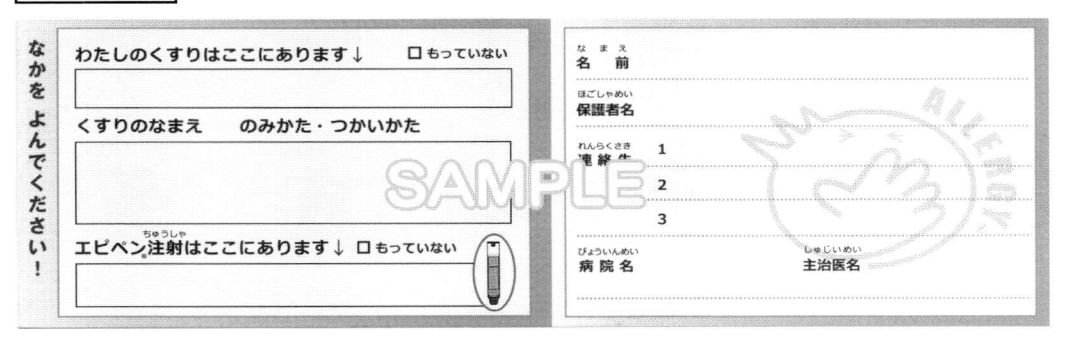

養護教諭事例②
## 好き嫌いと食物アレルギーを混同して除去を依頼する保護者への対応

長崎県小学校の事例
事例提供者：養護教諭
給食提供方式：自校式

### 食物アレルギー対応の実態

　本校では、毎年2月に、全校児童に対して「食物アレルギー調査票」を配布し、回収を行います。さらに、その結果を受けて、2月～3月に食物アレルギーの対応が必要な児童の保護者との面談を管理職と養護教諭で行います。

　新1年生に対しては、入学説明会の折に調査票を配布し、対応が必要な児童の保護者と4月上旬（給食が始まるまでの間）に同様に面談を行います。

　保護者との面談の意義は、児童の様子と、学校給食でできる対応の範囲、お互いの注意事項を正しく確認することです。命に直結する問題ですから、とても神経を使う対応の第一歩です。

　次に、校内連携を構築するために、児童と関わる先生方の意識を上げることも不可欠です。そのためには、事例を挙げて誰でもそういった事態に遭遇する可能性が高いことを訴えました。そのうえで、本校が抱えている児童の問題を頭に入れていただくように、何度も研修や報告を行っています。

　本校には栄養教諭が常駐していませんが、協力を得て、担当の栄養教諭、調理師と養護教諭を含めた三者で、食物アレルギーのある児童の献立確認作業を前月に行っています。そのため、給食提供の月には、安心して保護者に献立をお知らせしています。

### 保護者との面談における好き嫌いと食物アレルギーの混同への対応

　「食物アレルギー調査票」をもとに面談者の決定を行っているのですが、毎年、調査した児童のおおよそ5～6％が該当します。しかし、いざ面談をしてみると中には好き嫌いとアレルギーを混同している保護者も意外と多いのです。その保護者には、丁寧に説明をし、理解していただくように努力しています。

　また、保育園では代替食を出してもらっていたので、当然のように小学校でも対応してもらえると思い、対応できない部分が出てくると、学校の対応に不満を訴える保護者もいらっしゃいます。この場合も、保育園と小学校の規模の違い、設備の問題などを丁寧に説明し、理解していただきます。

　アレルギーは命に関わることですから、保護者の不安にできるだけ寄り添い、対話をしていくことが重要です。なお給食対応を行う児童には、医師の診断書を提出していただくようになっています。

養護教諭事例③　　　　　　　　　　　　　　　　　　　　　大阪府小学校の事例
## 新規エピペン® 持参に際しての対応
事例提供者：養護教諭
給食提供方式：自校式

### 新規エピペン® 持参に際しての対応

| 学年 | 3年生　男子 |
|---|---|
| 原因食物 | 卵、乳、そば、ピーナッツ |
| レベル（給食対応） | 除去食対応 |

　入学当初より食物アレルギー対応をしていた児童について、3年生への進級を控えた春休み、保護者からエピペン®持参についての相談を受けました。3年生からは原因食に耐性をつけていく段階に入るとのことでエピペン®持参の要請でした。

　それまで本校にはエピペン®を持参する児童はいなかったため、新学期までの短い期間で体制を整えなければなりませんでした。食物アレルギー・アナフィラキシー該当児童の有無にかかわらず、事前に対応マニュアルなどを作成しておくことが必要だったと感じています。

　現在は、アナフィラキシー発生時の個別対応ということで、校内緊急連絡体制・役割分担を整え、校内でエピペン®使用の研修会などを行ったうえで、エピペン®を持参してもらっています。

　緊急時の共通理解事項として、児童の安全確保、生命維持を最優先とし、養護教諭不在時は管理職がエピペン®注射をすることなど、不在時の対応についても役割分担を決めています。しかし、未だ校内緊急連絡体制・役割分担に基づいた校内研修（訓練）が不足しているため、今後は行っていきたいと考えています。

### ヒヤリハット事例「ほうれん草のピーナッツ和え」の誤食事例

| 学年 | 2年生　男子 |
|---|---|
| 原因食物 | ピーナッツ |
| レベル（給食対応） | 自己除去対応 |

　献立表をもとに保護者からの連絡で除去をしていた児童の事例です。

　給食後、児童が、のどの違和感を訴えて保健室に来室したので担任が保護者に連絡したところ、ほうれん草のピーナッツ和えが原因であることがわかり、すぐに受診しました。事故発生日は火曜日で、その前日は土曜参観の代休でした。しかし保護者は前日が休みであったために月曜日の献立を見て確認をしており、ほうれん草のピーナッツ和えに気づかなかったということでした。保護者やアレルギーのある児童の担任だけが、給食の献立を確認するだけではいけないということに気づく機会となりました。

養護教諭事例④
## 食物アレルギー診断を受けたことのない食品でアナフィラキシーショックが起きた事例

愛知県中学校の事例
事例提供者：養護教諭
給食提供方式：センター方式

### ◆ 食物アレルギー対応の現状

　本校の給食はセンター方式であるため、給食センターが作成した詳細な献立表をもとに、保護者から学校へ給食除去などの連絡を入れてもらっています。さらに、突発的な献立食材変更への対応は、給食センターから学校長あてに変更点と追加アレルゲンを報告、各校から保護者へ連絡するという形をとっています。弁当を持参する場合もありますが、多くは生徒自身の管理による、自己除去です。
　正確なアレルゲンの情報が行き届かず、本来食べられる給食を食べられないという事例や、誤食してしまう事故を防ぐためにも、学校と給食センターが同じ「食物アレルギー児童生徒一覧表」を共有して、正確かつ迅速な対応をしています。

### ◆ 事例

　平成24年の11月、昼休みに友人と久しぶりに鬼ごっこをして運動場を走り回ったAさんは、5時間目の自習時間中に息苦しくなりました。周囲の友人がすぐに養護教諭を呼びに行き、Aさんは担架で保健室へ運ばれました。その間も、冷や汗が出て下腹部が締め付けられるように痛みました。
　すぐに救急車を呼び近くの総合病院で診察を受けたところ、症状はグレード2（p14参照）でした。原因は給食に出たりんごでした。
　救急車を待つ間に保健室で嘔吐し、内容物が外に出たためか、Aさんは多少楽になったようでしたが、呼吸器症状と消化器症状が重なっているということで早急に救急車を呼ぶことは必須でした。
　後からAさんは「ちょうどひと月前の給食にりんごが出た日にも、5時間目の体育の後、軽い息苦しさを感じたことがあり、医師にもりんごが原因だと思うと伝えた」と話をしています。ただ、それまでAさんはりんごにアレルギーがあるという診断を受けたことはなく、むしろ好物として食べていました。医師の診断では特に除去の必要はないとのことでしたが、食物依存性運動誘発アナフィラキシーであると考えられるため、りんごを食べた後の運動などには注意が必要であるとの指示がありました。
　本校ではまだエピペン®を持参する生徒の入学がなく、職員研修もしていません。しかし、Aさんのような事例もあるため、次年度には提案していかなければいけないと思っています。

# 養護教諭事例⑤
## 中学校でアナフィラキシーショックを起こした事例

千葉県中学校の事例
事例提供者：養護教諭
給食提供方式：自校式

| 学年 | 中学2年生、男子 |
|---|---|
| 原因食物 | そば |
| レベル（給食対応） | なし |

　中学2年生の6月に行った林間学校最終日の体験学習でそば打ちを行いました。その最中にまぶたや唇の腫れを起こした生徒がおり、涙や鼻水が止まらず、皮膚に湿疹もあったため、ホテルの車で病院へ搬送しました（山中だったため、救急車を呼ぶより車で向かう方が早かった）。幸い、病院到着までの間に呼吸困難などにはならず、点滴、吸入などの処置を受けてひとまず症状は落ち着きましたが、医師より入院を勧められ、一泊入院となりました。保護者の到着まで、養護教諭と旅行添乗員で付き添いました。

　本人はそれまでそばを普通に食べていたとのことですが、今回、そば粉の状態で吸い込んだことが発症のきっかけになったようです。その後も特に給食対応などは必要ないとの判断でしたが、粉の状態でも食物アレルギーを発症する可能性があるのだと知った事例でした。

| 学年 | 中学3年生、男子 |
|---|---|
| 原因食物 | えび |
| レベル（給食対応） | 自己除去 |

　給食のメニューで八宝菜が出た際、本人はえびアレルギーを自覚していたため、えびを除いて八宝菜を食べました。

　しかし、給食後の昼休みに校庭でサッカーをしていたところ、顔にかゆみを感じ、保健室へ来室しました。来室時は顔に複数の蚊にくわれたような発疹があり、数分後には四肢や体幹にも同様の発疹が出始めました。問診から、えびアレルギーの可能性を疑い、校長を呼んで状況を説明し、救急車を要請しました。その間も発疹は広がっていましたが、救急車が来て病院へ搬送する際も意識ははっきりしており、病院到着後に点滴の処置を受けて回復しました。

　えびを除いてもエキスが入っていたこと、また食後に運動をしたことで、アナフィラキシーを誘発したと思われます。

　その後、病院で処方された内服薬（抗アレルギー薬）を本人所持と学校保管で常備するようにしました。学校保管については、職員全員に今回の事故の内容と薬保管について周知しました。

養護教諭事例⑥
# 重篤な食物アレルギー生徒の自己管理能力を高める取り組み

大阪府高等学校の事例
事例提供者：養護教諭
給食提供方式：校内食堂

| 学年 | 高校1年生～卒業までの対応、男子 |
|---|---|
| 原因食物 | 小麦・卵・牛乳 |
| レベル（給食対応） | 弁当対応（食堂あり） |

　入学時に提出された保健調査票に、食物アレルギーがあることが紙面一杯に記入されてあったA君の事例を紹介します。重症の食物アレルギーは高等学校では比較的珍しいケースであったため、すぐに保護者と面談をし、本校での対応を協議し、校内での共通理解を深めました。

## 高校入学まで

　小学校での給食は栄養教諭（学校栄養職員）と連絡を密にとり、毎月の献立を早くに教えてもらって、原因食物がある場合は、自宅で代替食を作って持参していたとのことです。保護者は病院で代替食の講習会などにも積極的に参加し、できるだけ外観も普通食の給食に似せる工夫もされていたそうです。中学校では3年間保護者が作った弁当で継続。高校入学時のA君の体格は高校生の平均以上であり、保護者の思いを感じました。

　中学卒業までは、1年に一度血液検査を実施し、高校入学時まで3食品の完全除去を続けていましたが、高校入学後は2年に一度の検査となりました。2年生に進級するときに、高校生だからと小児科からアレルギー専門病院に転院、その際に入院して食物負荷試験を実施した結果、牛乳のみ完全除去を継続することとなりました。

## 本人の言葉から

　最初の面談でA君はアレルギー対応による特別扱いはしんどかった、と振り返っていましたが、高校生になるまではそのような言葉を口にすることもなかったそうです。保護者の自分を思う気持ちに応えねばという思いもあったのだと思います。「これからは、自分でできることは自分で考えてやってみよう。先生はそれに協力するから」と最初の面談で約束しました。

◆支援プラン

　A君との面談を踏まえ、本校の支援の目標を以下のように設定しました。

| 1 | 自立を図る（自己管理ができるようにする） |
|---|---|
| 2 | 自らの病識を深める |
| 3 | 学校生活管理指導表（アレルギー疾患用）に基づく指導を行う |

**指導目標**…アレルギーに向き合い、自らの意思で行動できるようにする

指導計画…アレルギーと関連深い事象時には健康相談を実施する

　保護者が十分な配慮をしているため、生徒本人が学校で発作が出ないように誤食への注意と自分から申し出る力を養うことに重きを置きました。

　クラスへはA君の状況を説明し、お菓子などを教室で食べる場合は成分表を見るように努めてほしいことや、万一状況が悪いと思ったときは先生などに連絡することを忘れないでほしいとお願いしました。

## 行事ごとの対応

| ①遠足 | バーベキューなど飯ごう炊さんの場合は保護者が作った弁当で対応した。 |
|---|---|
| ②体育祭 | 小麦にアレルギーがあり、吸引するだけでも呼吸困難等の症状が出るので、小麦を使う「飴食い」実施時は教室で待機。 |
| ③生徒会行事 | 学校行事においてクラス対抗競技で勝利した場合の景品がお菓子となる可能性があるので、生徒会などにそのことを申し入れた。 |
| ④文化祭 | 食品模擬店は避けるようにした。クラスでの話し合いでは自分から発言できるように促した。 |
| ⑤修学旅行 | 2年生の10月に行う修学旅行については、同年5月くらいから業者、宿舎と打ち合わせを行い、バイキング形式の食事は、ホテルから写真を送ってもらい、原材料を明記した札を付けてもらったうえで、自己責任で選択することとした。また、高3で行う予定であった検査を前倒しして高2の夏休みに実施し、最新の検査結果による配慮内容とした。 |
| ⑥調理実習（2年時、後期） | 最近の検査結果と主治医の見解を踏まえて、家庭科教諭と綿密な打ち合わせを行った。メニューは除去食品をできる限り省いたものとしたが、一度だけ小麦粉が使用されたときには、別室待機となった。 |
| ⑦予防接種 | インフルエンザの予防接種は、卵アレルギーがあるためにそれまで受けられていなかった[※1]。しかし、3年に進級し受験勉強に励むのに、インフルエンザの予防接種を受けられないのは不安があるということで、主治医と相談を行い、本人の状態を把握したうえで主治医がインフルエンザの予防接種を行った。 |

※1　卵アレルギーがある場合も、インフルエンザ予防接種は受けられます。まずは主治医に相談をしてみましょう。

## 3年生に進級後

　卵については、生と半熟のみ除去、小麦粉は少しずつ摂取を始めました。牛乳は日によって反応が出て、行きつ戻りつしながらではありますが、毎日1mLずつ増やして料理に入れていく段階になっていました。卒業後は大学に進学し、現在は一人暮らしをしているそうです。

　高校生は行動範囲も広がり社会との接点も増加する年代で、保護者の監督下から外れることも予想されます。だからこそ、生徒自身で自分の状態を把握し対処できる能力を養うことが大切な目標になっています。

栄養教諭事例①　　　　　　　　　　　　　　　　　　　　北海道厚真町の事例
## 給食センターでの「共通献立」実践事例
事例提供者：栄養教諭
給食提供方式：センター方式

### 厚真町の学校給食におけるアレルギー対応食提供の始まり

　平成12年に開設された厚真町の学校給食センターでは、アレルギー対応食についても教育委員会が主体となっての開始でしたから、作業領域の確保、人員の配置、機器の導入など様々な条件が整備された充実した取り組みのスタートでした。

　アレルギー対応食の段階は、日本学校保健会より発出された文部科学省監修「学校のアレルギー疾患に対するガイドライン」のレベル4対応(代替食)の実践をしています。

### 保護者との面談

　保護者との面談は、年3回行われています。

　1回目は、アレルギー調査で、アレルギー対応を希望された保護者と行う新規受け入れ時の面談です。

　2回目は、給食開始前の打ち合わせで、学校関係者（学校長、養護教諭、担任）、保護者、給食センター関係者（事務担当、栄養教諭、アレルギー担当者）で、アレルギー対応献立を含めた関係書類などを共有したきめ細かな連携のための三者面談です。

　翌月からの献立は学校経由で保護者に渡し、保護者の確認書を付けて、学校経由で給食センターに戻す仕組みができています。

　また、厚真町では、年1回学校給食を含めた週のうち3日分の栄養調査を行っています。3回目は、この集計結果に基づいて保護者に資料を提供して行う、個別指導です。

### 給食センター内の連携

　センター内の連携としては、年度初めのアレルギー対象者の確認のほかに、アレルギーについての学習会、月ごと（アレルギー対象者の確認）、週ごと（翌週分の確認）、日ごと(毎朝、担当栄養士と当日担当調理員で確認）に打ち合わせの時間を持っています。

　当日は、作業工程及びスケジュール表に基づいて作業を行います。配食に関しては、調理終了後の個別配食確認を2名体制(調理担当者＋配食確認者)でチェックし、さらにコンテナ収納時にも2名体制で行う強化確認を行っています。

### 「共通献立」の実践

　レベル4対応での代替食の実践を行うにあたって、学校関係者・保護者・給食センター関係者の3者間できめ細かな連携をとり、もろもろの資料に基づき、献立作成をしています。

厚真町の特色ある学校給食は、アレルギー対応が必要な児童生徒も、また、そうでない児童生徒にも対応できる「共通献立」の実践を心がけていることです。共通献立とは、例えば調味料などの必要食材について、アレルギー対応児も食べられる商品を探して、両者に同じ献立で提供する取り組みのことです。

　共通献立の取り組みは平成15年度からで、当初は年1～2回程度からのスタートでした。共通献立を始めた経緯ですが、栄養教諭（当時学校栄養職員）が学校訪問をした際に、アレルギー対応食児童生徒は普通食を羨ましく、普通食児童生徒はアレルギー対応食がおいしそうと感じていることがわかり、同じ献立である共通献立を提供するように配慮したのが始まりです。現在は月献立の1/3強が共通献立です。

　初めにも書きましたが、環境の条件が整備されての開始でしたから、一生懸命取り組んだ結果、その後の体制整備（実働への基盤整備）の充実や、各部署との連携強化が、今現在の実践につながっているといえます。また、学校関係者および調理員（パート職員）の前向きな姿勢によって、厚真町のアレルギー対応食はきめ細かに実施されています。

　また、厚真町は、食材に恵まれた地域の特性を生かして、アレルギー対応食に限らず、素材を大切にした食品の選択を心がけ、体にやさしい給食の提供をしています。

## ヒヤリハット事例

《そばアレルギーの生徒に対しての事例》

　アレルギー対応用食材専門店に発注した乾麺（うどん）一袋に5cmほどの乾麺（乾そば1本）が混入していた事例です（コンタミネーションの確認ができていなかった）。

　乾麺（うどん）袋を検収の際、混入物（乾そば1本）に気づかず、うっかり見逃して調理をしてしまいましたが、配食後にわかり急遽中止しました。事前対応ができたため代替食を提供できましたが、保護者へは経過を説明し事故を未然に防ぐことができた報告も含め謝罪に出向きました。

《学級食缶へのテープの貼り間違え》

　厚真町のアレルギー対応は、新1年生の配食はすべて個別ボックスで対応していますが、2年生からはほかの生徒の協力体制を担任が確認したうえで、アレルギー対応食のみ個別ボックスに配食しています。ゆえにこの給食はみんなと同じでないという赤テープを貼って、盛り付け時に注意するように協力を求めています。

　この事例では、各学級に配食後、計量数量より残量が出たので、各食缶を開けて増量した際に、赤テープの貼ってある学級と、隣の学級の食缶のふたを間違えてしまいました。今年度（5月頃）のことで、学校内の連携がとれていたため、事前に間違いに気づき、センターに通報があり未然に防ぐことができましたが、かなりのうっかりミスのため、センター内でも調理ゾーンでの確認後、さらにコンテナ場所でも確認をするという二重チェック体制にする改善を行いました。

栄養教諭事例②

## 食物アレルギー対応について工夫している点

埼玉県小学校の事例
事例提供者：栄養教諭
給食提供方法：自校式

### 食物アレルギー対応について工夫している点

　本校では、エピペン®持参児童の保護者のみ、毎月面談を行い、検査により新たに食べられるようになった食品の確認や、対応方法の共通理解を図っています。なお、面接には保護者と栄養教諭だけでなく、学校長や担任、養護教諭も同席しています。

　家庭での除去に加えてお弁当持参の日もあるため、保護者は心身ともに負担を抱えています。保護者を面談時にみんなで励まし、食べられるようになったものがあったときはともに喜ぶことで、信頼関係を築くことができた事例は特に印象に残っています。

　また、面談で打ち合わせた後には、交換日記形式のノートを保護者に渡し、対応方法の連絡を再確認してもらっています。保護者から戻ってきたノートの内容は「学級担任」⇒「栄養教諭」⇒「給食室チーフ」⇒「栄養教諭」⇒「学校長」と回覧し、各自コピーをとっています。このノートは以前のことを確認するのにも役立っています。

　さらに、除去食対応児童のいるクラスの担任が出張の場合は、高学年であっても配膳の時間には補教を入れるようにし、対応児童がいることを忘れないよう、担任は補教計画を作る時に該当児童がいることを記入することとしています。

### 給食提供についての工夫

　除去食提供日、給食室内は朝礼で確認し、除去する児童のカードを掲示しています。このカードと同じものを配食時に食器かごに入れておき、それを児童本人がクラスで受け取った後、カードをもって給食室に受け取りに来ることになっています。そのことにより、調理員がその児童の顔を覚えることもできますし、児童もこの人たちに作ってもらっているのだという感謝の気持ちをもつことができています。

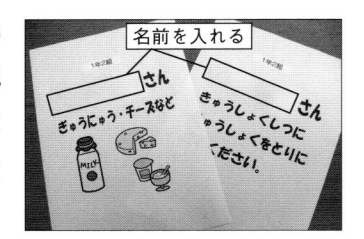

### 現在の課題

　除去対応が必要なアレルギーのある児童を病院に連れていかない保護者がいるので、再三連絡しているのですが、改善されないことに困っています。

　また、本校では除去食を作るコンロや鍋は用意されていますが、隔離されたスペースではないため、そのようなスペースが作られるように基準をつくってほしいと考えています。

**教育委員会事例**

福島県南相馬市の事例
事例提供者：栄養士（市教育委員会）

# 食物アレルギー対応の現状

　南相馬市では、学校給食でアレルギー対応を望む場合は必ず医師の診断書に基づき、保護者、栄養士、学校長で面談を行い、給食での対応をしています。

　保護者から学校に寄せられる食物アレルギー対応の要請の中には「３歳児検診でアトピーといわれた」とか「卵を食べたら湿疹がみられた」などと、医師の診断ではない自己診断もあったため、まずは医師の診断書と親の同意書を提出することを必須としました。

## 東日本大震災後の食物アレルギー対応

　２０１１年３月１１日の東日本大震災後、物資もない中で、子どもたちへの食の提供は想像をはるかに超えた苦労がありました。しかし学校再開に伴い、物流がない状況の中で「炊き出し給食」という形で給食提供を開始したときの子どもたちの様子を見て、学校給食が子どもたちにとって、とても大切な役割を果たしているということを改めて痛感しました。

　２学期からは、完全給食を再開することを決めていたのですが、震災前と同じような形態での給食の提供ができず、給食センターだけでは賄えないため単独調理方式実施校を共同調理場化し複数の集配校へ配達しました。

　段階的な給食再開準備に向けて、除染や、給食室の衛生管理の徹底をするなど多くの問題をクリアしないとできない状況でした。

　それ以上に大変なことは、使用食材中の放射性物質を測定し安全確認を行うことです。現在は学校給食食材の全品事前検査と、給食一食分の事前検査も行い、安全で安心な学校給食提供に努めています。

　そのうえ食物アレルギー対応として、代替食を提供する場合、その食材の検査を行わなければならず、それには多額の費用がかかるため、現在本市においては代替食は行わず、除去食のみの提供になっています。給食センターにおいては人的な事情から和え物のみですが、単独校においては可能な限りの除去食の提供をしています。

　食物アレルギー対応が思うようにできない状況ではありますが、2012年末の調布市の事故を受けて、食物アレルギー対応について、市として独自のマニュアル作りをしていかなければならないと考えています。

| 校長事例（小学校） | 千葉県小学校の事例 |
|---|---|
| **重篤な食物アレルギーのある児童生徒の転入に際しての事例** | 事例提供者：校長<br>給食提供方式：自校式 |

### 本校の食物アレルギー対応の現状

　全校児童480名のうち、現在食物アレルギー対応をしている児童は18名います。そのうち、エピペン®を持参している児童は２名です。

　毎年４月上旬に保護者、管理職、担任、養護教諭、栄養教諭の五者で昨年度までの対応と、今年の対応について話し合い、決定したことはその後、職員会議などで共通理解を図っています。

　また、エピペン®の保管場所についても周知し、使用法については職員対象の研修を実施しています。

### 重篤な食物アレルギーを持つ児童生徒の転入に際しての事例

| 学年 | ４～５年、男子 |
|---|---|
| 原因食物 | 牛乳、および乳を含んだ製品、卵、および卵を含んだ製品・食品、山芋類<br>※アレルギーの原因物質（アレルゲン）は、ダニ・ハウスダスト・花粉など吸入性のものもあり、アレルゲンの摂取によりアナフィラキシーショックを起こすこともある |
| レベル（給食対応） | 弁当対応 |

■転入に際して

　昨年10月市外の小学校から、本校４年生として重篤な食物アレルギーを持つ児童（以下Ａ児）の転入依頼がありました。学区外からの転入ということ、またアレルギー症状が重篤であるということもあり、教育委員会との話し合いを実施しました。その後、保護者・本人との面談と２週間の試行通学を実施し、転入となりました。転入に際しては、本校の食物アレルギー対応についての見直しも実施しました。

　また、前在籍校は区域外でしたが、その前の学校が同じ市内であったため、同校より本校が受け入れる前の具体的な経緯や出来事、保護者の要望やＡ児についての情報を得ました。その後も必要に応じて連絡をとり合っています。

　本校では基本的に「すべての児童が楽しく学校に登校してくること」を目指しています。そして、その原点は保護者との信頼関係にあるとも痛感しています。

　Ａ児の症状は重篤であるということもあり、転入に関して保護者は大きな不安を持っていたと考えられます。そのため、本校では学級担任が２日に一度は保護者に学校での様子について電話連絡をしています。このことは保護者との信頼関係づくりに役

立っていると考えています。その他にも、必要に応じて連絡をとり合い、いつでも保護者が気軽に相談に来られるようにしています。

■校内対応
《日常生活での対応》
　A児は牛乳に触れただけでも反応を起こし、ハウスダストにも反応するとのことで、保護者との話し合いの結果、以下のような対応をすることになりました。

> ・弁当を持参し、毎朝本人が給食室に届ける。
> ・給食時を含めて、座席は窓側もしくは廊下側と端に設ける。
> ・給食時には、A児の机は別に用意したふきんでふく。
> ・牛乳から守るため、牛乳パックのストローや食後の手洗い、給食当番についても配慮する。
> ・掃除当番はダスト対応のため、教室ではなく、特別教室（担任が理科主任のため理科室）の掃除を担当させる。
> ・調理実習または、学校行事などで対応が必要な場合は、保護者に来校していただき、具体的な対応を確認する。

　さらに保護者からは「発症時の症状と対応一覧表」をいただき、緊急時にも適切な対応ができるように準備をしています。

《行事への対応》
**全校遠足**
　縦割り活動になるため、A児のアレルギーについて知らない児童もいることから、昼食時の弁当を食べるときに座る位置や、おやつ交換などについての対応策を事前に相談しました。また、A児の所属するグループの担当はA児の学級担任にするなどの配慮をしました。

**宿泊行事**
　事前に食事のメニューを取り寄せ、宿泊施設と連絡をとり合いながら、保護者とともに具体的な対応を相談しました。また、一般の方でも宿泊できる施設であったため、保護者は事前宿泊をし、状況を体験することができました。

### ヒヤリ・ハット事例
　牛乳パックを植物栽培で使用するために、違う学年の児童がA児の教室があるフロアの水道で洗い、水道に牛乳が少し残った状態でA児が水道を使用しようとした事例がありました。担任が気づき、大事には至りませんでした。

**保育園事例**　　　　　　　　　　　　　　　　　　　　　神奈川県相模原市の事例
## 保育園での食物アレルギー対応
事例提供者：管理栄養士（市役所）

### 食物アレルギー対応の現状

　平成23年3月に厚生労働省から「保育所におけるアレルギー対応ガイドライン」が公表されました。これに伴い、相模原市ではそれまで使用していたマニュアルの改訂を行い、平成25年4月から、改訂したマニュアルに基づいた対応が本格的に始まりました。

　マニュアルの改訂で大きく変わったのは、まず第一に生活管理指導表の導入によって、食物アレルギー児に対する配慮や管理が明確になったことです。この生活管理指導表の導入にあたっては、これを作成していただく市内の医療機関と、それを活用する保育園をはじめとする関係施設にマニュアルの内容を周知しました。

　第二に「食物アレルギー児の誤食等による重大な事故を防止すること」を最優先とし、給食対応を「完全除去」と「除去食の解除」の二極化にすることで、体調により症状が出てしまうリスクの回避と調理現場での対応の煩雑さが減り、安全性が高まりました。

　なお、保育園用のものと小学校以降で使用する生活管理指導表は異なるため、卒園の段階で保護者に向けて、小学校へ提出する生活管理指導表の紹介もしています。

### 保育園での給食、おやつ提供の特色

　保育園では、給食、おやつ、さらに延長保育時間に食べるおやつなど、園内での食事の機会が多いこともあり、常に複数の職員で確認してから提供するようにしています。

　例えば、アレルギー対応食は園児が食べる直前に保育士に渡し、献立表を見ながら声出し確認をしています。また、喫食中も誤食、誤飲がないように保育士が見守り、誤食が起きやすいおかわりの場合は必ず保育士が付き添い、園児が1人で来た場合には渡さないようにしています。

　保護者へはお迎え時にその日の献立、園児の給食提供時間の様子を伝えています。

### 緊急時対応

　緊急時の対応として、保護者や医師との連携のもとに十分に研修や訓練を行ったうえで、保育園で保育士がエピペン®を打てる環境を整えました。また、緊急時に迅速な対応を行うために、アナフィラキシーのある児童については、保護者の了承を得たうえで、消防局とも情報共有し連携体制を整えています。

**幼稚園事例**

大阪府幼稚園の事例
事例提供者：栄養教諭

## 幼稚園での食物アレルギー対応

　本幼稚園では、食育の一環として園内に農園を設け、四季折々の野菜や果物を育てています。その農園でさつまいも掘りをした秋、あるクラスでは担任の先生がおいものお話をしたそうです。そのとき小麦アレルギーの園児が、「おいもに小麦は入ってる？」と尋ねました。担任が「入ってないよ」と答えると、「じゃあわたしも食べれるね！」とうれしそうに言いました。

　食べ物で何度も苦しい思いをしてきた食物アレルギーを持つ子どもたちは、自分が何を食べてもよくて何を食べてはいけないのか、常に不安に思っていること、食べられるものが一つでも多いこと、特にみんなと同じものを食べることができるのは喜びであるのだと、改めて気づかせてくれる出来事でした。

　自身のアレルギーについて幼い頃からしっかりと理解させることは、自分を守り生きていくうえでとても重要です。そのため、本園では保護者にも家庭でアレルギーについて教えていただくようにお願いしています。そして本人だけではなく周りの子どもたちにも、好き嫌いではなくアレルギーのためにみんなと同じものが食べられない人がいるのだと伝えることで、アレルギーに偏見などをもたず自然に受け入れる子どもが育つと考えています。

　とはいえ幼稚園の子どもたちすべてに、すぐにそれを理解させることは難しく、大人の目の届かないところで事故が起きる可能性もあります。例えば、重度の牛乳アレルギーの子に、隣の席の子が飲んでいた牛乳のストローから牛乳が飛んでしまった、間違えて別の子どもが除去食の入ったおわんにはしをつけてしまい、アレルゲンがわずかに混ざってしまった、親切心から子ども同士でおかずを分け合った…など、幼い子どもの思いがけない行動から大きな事故につながることもあり得ます。

　年少クラスではそうしたトラブルを防ぐために、重度のアレルギーがある子たちは常食の子と分けて、同じテーブルで喫食させて担任が目を配るようにしています。やがて年中、年長と成長してくと、本人や周りが徐々にアレルギーについて理解するようになり、落ち着いた雰囲気で給食時間を過ごせるようになるので、段階に応じて常食の子たちと一緒に座らせるようにしていきます。

　また、給食が始まって間もない時期や、特別メニューのとき、配膳する大人が普段と異なる場合などは、どの教員が見ても誰が何のアレルギーであるかわかるようにするため、「名前・卵×」などと書いたアレルギーカードをもとに盛り付けをし、確実にその子の前にお皿とカードを置く工夫をしています。

保護者事例①
**食物アレルギー児童の
　　　健やかで安全な学校生活のために**

千葉県小学校の事例
事例提供者：保護者
給食提供方式：自校式

| 学年 | 5年生　男子 |
|---|---|
| 原因食物 | 卵、乳製品、山芋※その他にハウスダスト・ダニアレルギー有り |
| レベル（給食対応） | アナフィラキシーショック、お弁当対応 |

　息子は微量のアレルゲンで反応し皮膚に接触しても症状が出る場合があるため、学校とは連絡を密にしています。保護者としても学校に全てお任せではなく、自分たちのできるところはできる限りやらせていただき、先生方には折にふれ、感謝の気持ちをお伝えしたいと思っています。アレルギーに詳しくなくても、子どもの気持ちに寄り添い、アレルギーを知っていただけるお気持ちがある先生でしたら助かります。

### 担任の先生にお願いしたいクラスメートへの対応

　重度の食物アレルギーの場合、本人はアレルゲンに手を出さないように注意していても、集団生活では不測の事態が起こるため、お友だちの理解と協力が不可欠な場合があります。そこで、担任の先生には以下のことをほかの児童へ説明してもらいました。
①アレルゲンを食べないこと、触らないことが症状を起こさないために大切であること
②そういう理由でお弁当を持ってくること
③本人も①を頑張っているので、お友だちに協力してもらえるとうれしいこと

　これらを先生が最初にきちんと説明してくださると、お友だちは正しく理解してくれて、「なんでお弁当なの」「何で食べてはいけないの」などの質問も減らすことができます。このような質問は、お友だちからすると1回のことですが、アレルギー児本人からするとお友だちの人数分聞かれることとなり精神的な負担があるのです。

　また、この説明をする前には「アレルギーがあってかわいそう」と言うお友だちもいました。しかし、アレルギー児童は苦しい検査や症状を起こさないための対応を頑張っていますので、かわいそうと言われるのは大変つらいことです。担任の先生も「かわいそうと言われて元気になる人はあまりいませんよね」と言ってくださり、「アレルギーを正しく知ることでクラス全体に応援する連帯感が生まれた」とおっしゃってくださいました。

　重度の食物アレルギー児童は、小さいときから我慢する場面が多いので、我慢強く、自分を抑えてしまうことも多いです。その場は笑っていても、心で泣いており、家で苦しい胸のうちを明かしたりします。学校の様子だけでは量れないところもあり、学校との信頼関係は非常に大切だと感じています。

## 学校行事における対応

《宿泊を伴う校外学習》食事は事前に全ての食材のアレルゲンを私（保護者）が確認しました。白米、生野菜と果物はホテルから、主菜は私が冷凍搬入したものを温めて提供していただきました。コンタミネーション、誤配膳を防ぐためにラップフィルムをかけ、名札を付けました。

また、子ども同士のおやつ交換はできませんが、事前に息子が食べられるものを先生にお渡ししておくことで、先生と交換をしてもらうことができました。お菓子交換ができないことは本人も理解していたので、思いがけず交換でき、大変喜んでいました。先生の思いやりのお心ひとつで子どもの表情はこんなにも違うものかと感動しました。

《調理実習》事前に担任の先生とアレルゲンを確認し、調理器具からのコンタミネーションを防ぐために実習前には私が家庭科室に伺い、息子の班の調理器具をすべて洗浄しました。また、さいばし、まな板など、コンタミネーションが防げないと考えられるものは私が新しいものを用意しました。

高学年になると、成長の過程で人と違う対応がつらくなる時期がありますが、担任の先生がクラスの保護者に働きかけてくださり、調理実習に参加する保護者が私1人になりませんでした。ほかの親子も楽しめたようで、良い交流の場になりました。

## 保護者の思い

以前の学校の中には「学校で症状が出たときは必ず保護者に連絡をください」とお願いしても、嘔吐や腹痛の症状が出たことを帰宅した息子から初めて聞くということが続く学校もありました。アレルギー症状がどこまで進むかは、その日の体調や摂取量によるものなので、誰にもわかりません。保護者への連絡がないことで、対処が遅れる可能性もあります。

食物アレルギーがある以上、ある程度の集団生活のリスクは理解しております。ですから、問題を見ないふり、無かったことにするのではなく、起こったことは起こったこととして、次につなげていっていただけたらと考えています。

入学前、転入前はどんな先生がいらっしゃるのかわからないうえ、アレルギーの話は、アレルギーを知らない方から見ると要求ばかりととられる場合があり、詳しいお話をするのはハードルが高く、不安でした。そのようなときに、「不安なことは何でも遠慮しないで伝えてほしい」「その方が学校も早目に対応できて安心だから」「当たり前のことをやっているだけですから」「息子さんがとても良い子なので、皆自然と協力しようという気持ちになります」などと言っていただけたことは本当にうれしかったです。

アレルギー児童は特別扱いを望んでいるのではありません。お友だちと差別しないでほしい、皆と同じように、健やかで安全な学校生活を送りたいと考えているのです。

保護者事例②

# 保護者から学校に期待すること

千葉県小学校の事例
事例提供者：保護者
給食提供方式：自校式

| 学年 | 2年生　男子 |
|---|---|
| 原因食物 | 牛乳（小麦・卵は3歳時に克服）※その他にハウスダスト・ダニ・猫アレルギー有り |
| レベル（給食対応） | 弁当対応 |

## 学校での対応の現状

　入学前の1月に、学校の代表メールに学校長・教頭あてにアレルギー児童の入学予定の旨と事前打ち合わせを依頼し、3月に面談をしました。参加者は、校長・教頭・養護教諭・栄養教諭と保護者（両親）の6名でした（担任は未決定）。

　打ち合わせではまず、乳成分含有の献立の場合は代替食を弁当形式にてもち込みすることを確認しました。現在は、当月前に「献立表」「材料一覧表」「仕入既製品の成分表」をもらい、乳成分含有の献立をマーカーでチェックし、その日は弁当を持参しています。マーカーを引いた献立表は、教室内の担任の席に掲示してあるそうです。

　現在はおよそ月の5～7割の頻度で代替食を弁当形式でもち込んでいるという、ルーティンに追われる毎日ですが、命に関わることなので懸命に取り組んでいます。その思いを学校の先生方にも理解していただきたいと考えています。

　1年生時は学校側のスタンスとして、エピペン® を保健室に保管してもらうことができず、学校近くにある小児科医院に預けて、大事の場合はこちらへ搬送することを学校にお願いしていました。しかし2年次に進級したタイミングで管理職の先生が変わったためか、学校からの提案で保健室でのエピペン® 保管を実施することになりました。

## 今後学校側に期待すること

　給食対応については、直前の献立変更時の迅速な連絡ルートの確保と、特に「仕入既製品の成分表」において、時折乳成分の記載漏れがあるため、より精度の高いものになってほしいと考えています。

　また、子どもに関わる先生方の異動についても事前に連絡をしていただきたいです。子どものアレルギーに関してきちんと引き継ぎがなされているかどうかという事項は保護者にとって重大なことです。保護者と学校との信頼関係を継続するためにも、異動発令後速やかに連絡が欲しいです。

# 第7章

## 学校現場の食物アレルギー対応　資料集

# 様式❶ 学校生活管理指導表（アレルギー疾患用）

## ワンポイントアドバイス

学校生活管理指導表は、主治医（専門医）の診断、および検査結果など、医学的根拠に基づいて記入されるもので、学校におけるアレルギー対応を決定するうえで基準となるものです。また、アレルギー症状は日々変化していくものですから、少なくとも年1回は更新が必要です。

また、学校生活管理指導表を医師に記入してもらうためには費用がかかります。この費用は医院によって異なるのが現状です（2013年現在）。

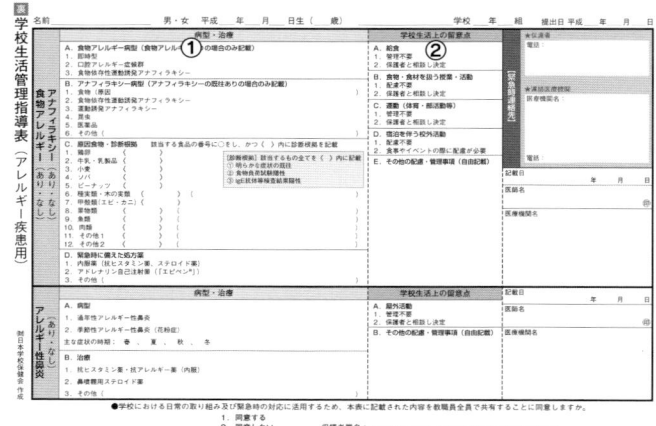

出典：公益財団法人日本学校保健会

## ①「病型・治療」欄

### A：「食物アレルギー病型」欄

その児童生徒にみられる食物アレルギーがどの病型に分類されているかを知ることで、万一の際にどのような症状を示すかをある程度予測することができます。

### B：「アナフィラキシー病型」欄

児童生徒に起きるアナフィラキシーでは食物アレルギーが原因となるものが最多です。また、学校生活の中で初めてアナフィラキシーを起こすこともまれではありません。

### C：「原因食物・診断根拠」欄

学校での食物アレルギー対応は、学校内でのアレルギー発症を防ぐこととともに、不要な除去をなくすことも重要です。この欄で診断根拠に基づいた食物アレルギーの原因となる食物を知ることで、はじめて学校での食物アレルギー対応が始まります。

### D：「緊急時に備えた処方薬」欄

児童生徒が学校で食物アレルギーおよびアナフィラキシーを発症した場合に備え、この欄を参考に、学校に持参する薬を保護者との面談で決めておくことも重要です。特にエピペン®を持参する場合はその保管方法などについても相談し、教職員が研修を受けるなどをしてエピペン®について知っておきましょう。

## ②学校生活上の留意点

学校現場での食物アレルギー対応は、医師の診断に基づいて行われることが基本です。給食や運動、行事の対応などこの欄に記入された診断をもとに、保護者との面談で具体的に決定していきます。

## 学校生活管理指導表記入依頼に関する文書（文例） [CD-ROMにも収録]

**資料1** 「学校生活管理指導表」記入のお願い

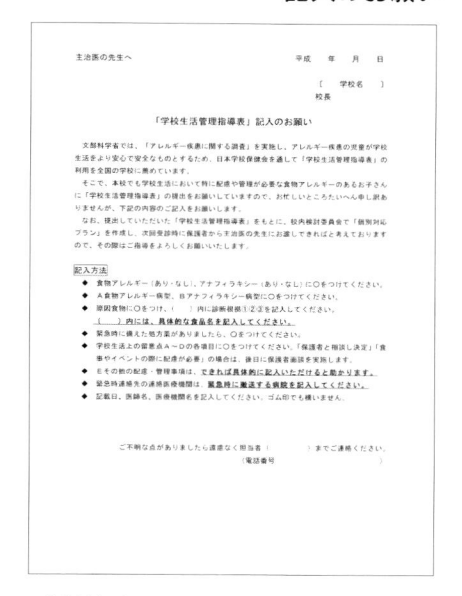

**資料2** 学校生活管理指導表（アレルギー疾患用）の記入方法

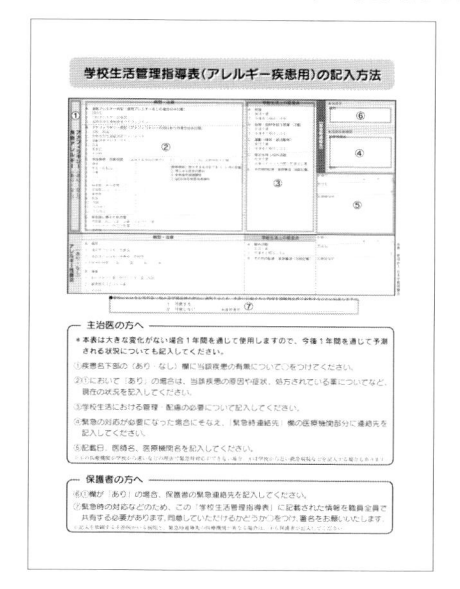

「学校生活管理指導表」の記入依頼と、記入方法を解説した用紙です。
「学校生活管理指導表」の提出が必要な保護者に配布して使用してください。

## 保護者配布用資料（文例）

**資料3** 食物アレルギーの対応について（保護者配布用）

新年度、給食開始までに対応を決定するためにも、「学校生活管理指導表」と「食物アレルギーに関する調査表」（p98）をできるだけ早く提出してもらうことが必要になります。

> 上記資料と、ここには表示していませんが、
> **資料4** 食物アレルギーの対応について
> （小学校向け／就学時健康診断時に配布用）
> を併せてCD-ROMに収録してあります。
> 各校の状況に応じて変更し、活用してください。

# 様式❷ 食物アレルギーに関する調査表

就学時健康診断、もしくは入学説明会の際に、アレルギー対応を必要とする児童生徒の保護者へ、学校生活管理指導表（p96）とともに記入を依頼する様式の例です。学校生活管理指導表では把握しきれない具体的な対応の必要性について確認する目的で使用します。

## 様式2（表）

**様式2**

### 食物アレルギーに関する調査表（自校式）

年　　組　　番　氏名　　　　　　　　

◆食物アレルギーの原因食品について

（1）食物アレルギーの原因食品名

| 食 物 名 | 最初に症状が出た時期 | 最近症状が出た時期 |
|---|---|---|
| | 歳　　か月頃 | 歳　　か月頃 |
| | 歳　　か月頃 | 歳　　か月頃 |
| | 歳　　か月頃 | 歳　　か月頃 |
| | 歳　　か月頃 | 歳　　か月頃 |

（2）現在除去中の食べ物はありますか？
　　□ない
　　□ある（食物名：　　　　　　　　　　　　　　　　　　　　　）

（3）（2）について、食べ物の除去については医師の指示を受けて実施していますか？
　　□はい（　　　　　　　　　　　　　　　　　　　　　　　）
　　□いいえ

（4）過去に除去を行っていた食べ物で、現在は食べられるようになっている食べ物はありますか？
　　□ない
　　□ある（食物名：　　　　　　　　　　　　　　　　　　　　　）

◆食物アレルギーの症状について

（5）原因食物と摂取後に出る症状についてお答えください

| 食物名 | 症　　状 |
|---|---|
| | □食べたことがないので症状はわからない<br>□食べた時に症状が現れる（具体的な症状：　　　　　　　　　）<br>□吸入、接触で症状が現れる（具体的な症状：　　　　　　　　　） |
| | □食べたことがないので症状はわからない<br>□食べた時に症状が現れる（具体的な症状：　　　　　　　　　）<br>□吸入、接触で症状が現れる（具体的な症状：　　　　　　　　　） |
| | □食べたことがないので症状はわからない<br>□食べた時に症状が現れる（具体的な症状：　　　　　　　　　）<br>□吸入、接触で症状が現れる（具体的な症状：　　　　　　　　　） |
| | □食べたことがないので症状はわからない<br>□食べた時に症状が現れる（具体的な症状：　　　　　　　　　）<br>□吸入、接触で症状が現れる（具体的な症状：　　　　　　　　　） |

（6）運動後に症状を起こしたことはありますか？
　　□ない
　　□ある→食事との関連（□あり　□なし）

CD-ROMにも収録

## 様式2(裏)

(7) アナフィラキシーショックを起こしたことはありますか?
　　□ない
　　□ある→回数… 　　回/最終発症年月日… 　　年　　月　　日
　　　　原因食物（　　　　　　　　　　　　　　　　　　　　　　）

◆食物アレルギーの治療薬について

(8) アレルギー疾患の治療のために使用している薬はありますか?
　　□ない
　　□ある→下記に記入をお願いします

| 薬品名 | 学校への携帯 | |
|---|---|---|
| | する | しない |
| | する | しない |
| | する | しない |
| | する | しない |
| | する | しない |

(9) 学校に携帯する薬はお子様が自分で管理および使用することができますか?
　　□学校に携帯する薬はすべて自分で管理・使用できる
　　□自分で管理もしくは使用できない薬がある→具体的な管理・使用について学校と相談が
　　　必要です

◆学校での対応について

(10) 主治医からの指導や注意を受けていることはありますか?
　　□ない
　　□ある→（　　　　　　　　　　　　　　　　　　　　　　　　）

(11) 学校給食での食物アレルギーによる個別対応を希望しますか?
　　□いいえ
　　□はい　→□牛乳のみ停止を希望
　　　　　　　□牛乳のみ飲用を希望
　　　　　　　□給食すべてを停止し、弁当を持参する
　　　　　　　□献立により、除去食・代替食を希望する
　　　　　　　（個別に相談し、毎月予定献立表等で確認しながら実施します）

(12) お子様の食物アレルギーについて、学校給食で心配なことがあればご記入ください。

記入年月日：　　　年　　　月　　　日　　　保護者署名：　　　　　　　　　　　㊞

### 給食センター方式の場合

　給食センター方式の場合は、あらかじめ学校と給食センターとの間で対応方法についての共通理解が得られていれば、(11)はそれを盛り込んだ質問項目に改変してご使用ください。
　また、給食センターの場合は、原則として対応するアレルゲンが決まったら通年で対応することが多いため、(11)「はい」の4つめの項目にあるような個別に相談しながらの対応は難しい可能性があります。（＊解除の場合は保護者からの申請をもとに対応します）

# 様式❸ 面談用確認シート

保護者との初回の面談で希望内容の聞き取りに使用する用紙です。様式2（P98）で把握した内容を再確認し、補足する形で使用します。様式3-2は緊急時の連絡先記入用紙です。事前に配布しておくか、初回面談時に記入してもらいましょう。

## 様式3-1

|様式3-1|面談用確認シート（教職員記入用）|
|---|---|

CD-ROMにも収録

| 児童生徒氏名 | | 年　　組 | | 面談日 | 年　　月　　日 |
|---|---|---|---|---|---|
| 面談参加者 | | | | | |

1　アナフィラキシー発症状況について
　　◆様式2-(7)の内容とあわせて確認
　（2）最終発症年月日（　　年　月　日）
　（3）発症時の具体的な症状（　　　　　　　　　　　　　　　　）
　（4）医師から注意するように言われている症状
　　　□特になし
　　　□ある（具体的に：　　　　　　　　　　　　　　　　　）

2　薬の管理・使用について
　　◆様式2-(9)の内容とあわせて確認
　（1）薬品名（　　　　　　　　　　　　　　　　　）
　（2）学校に期待する管理
　　　□特になし
　　　□ある（具体的に：　　　　　　　　　　　　　　　　　）
　（3）学校に期待するサポート
　　　□特になし
　　　□ある（具体的に：　　　　　　　　　　　　　　　　　）

3　学校生活上の注意点
　（1）食物・食材を扱う授業
　　　（　　　　　　　　　　　　　　　　　　　　　　　　　）
　（2）運動（体育／部活動）
　　　（　　　　　　　　　　　　　　　　　　　　　　　　　）
　（3）宿泊を伴う校外授業
　　　（　　　　　　　　　　　　　　　　　　　　　　　　　）
　（4）遠足・校外学習
　　　（　　　　　　　　　　　　　　　　　　　　　　　　　）
　（5）クラブ・委員会活動・部活動
　　　（　　　　　　　　　　　　　　　　　　　　　　　　　）
　（6）ほかの子どもたちに対する指導
　　　（　　　　　　　　　　　　　　　　　　　　　　　　　）
　（7）ほかの保護者に対する説明
　　　（　　　　　　　　　　　　　　　　　　　　　　　　　）

（8）その他
　　　　（　　　　　　　　　　　　　　　　　　　　　　　　　　　　）
4　学校給食での個別対応について
　　◆様式2-(11)の内容とあわせて確認
　　□毎月、詳細な献立表を提供する
　　□児童生徒が個人除去する…除去食物（　　　　　　　　　　　　　）
　　□除去食を提供する…除去食物（　　　　　　　　　　　　　　　　）
　　　※具体的な提供方法（　　　　　　　　　　　　　　　　　　　　）
　　□弁当を持参する…弁当の保管場所（　　　　　　　　　　　　　　）

## 様式3-2

| 様式3-2 | 緊急時の連絡先記入用紙 | | | | | |
|---|---|---|---|---|---|---|
| 児童生徒氏名 | | 年　　組 | 性別 | | 生年月日 | 年　月　日 |
| 保護者氏名 | | | 電話番号 | 自宅　　　　　携帯 | | |
| 住所 | | | | | FAX番号 | |

| 緊急連絡先 | 連絡先① | | 関係 | | 電話番号 | |
|---|---|---|---|---|---|---|
| | 連絡先② | | 関係 | | 電話番号 | |
| | 連絡先③ | | 関係 | | 電話番号 | |

| 通院している医療機関 | | 診察科 | |
|---|---|---|---|
| 主治医名 | 電話番号 | 緊急時の受け入れ　可／不可 | |

通院している医療機関以外に緊急時に搬送できる医療機関がある場合に記入

| 病院名診療科 | | 主治医名 | | 電話番号 | |
|---|---|---|---|---|---|
| 病院名診療科 | | 主治医名 | | 電話番号 | |
| 病院名診療科 | | 主治医名 | | 電話番号 | |

# 様式❹ 食物アレルギー個別対応票

保護者との初回の面接後、校内で食物アレルギー対策委員会を設立し、食物アレルギー対応が必要な児童生徒ごとに個別対応のプランを決定し、この用紙に記入します。案の段階で保護者と面談を行い、最終決定後に全職員へ周知し、対応開始となります。（給食センター方式の場合は、管理職を通じて給食センターとも情報共有を行ってください）

## 様式4

**食物アレルギー個別対応票（案・決定）**

CD-ROMにも収録

| 児童生徒氏名 | 年　組 | 性別 | 男・女 | 生年月日 | 年　月　日 |
|---|---|---|---|---|---|

**（1）食物アレルギーの病型**（様式1 学校生活管理指導表を確認し、該当するものに○をつけてください）

| | |
|---|---|
| | 即時型 |
| | 口腔アレルギー症候群 |
| | 食物依存性運動誘発アナフィラキシー |

**（2）アナフィラキシーの病型**（様式1 学校生活管理指導表を確認し、該当するものに○をつけてください）

| | |
|---|---|
| | 食物（　　　　　　　　　　　　　　） |
| | 食物依存性運動誘発アナフィラキシー |
| | 運動誘発アナフィラキシー |
| | 昆虫 |
| | 医薬品 |
| | その他 |

**（3）アレルギーの原因食物および症状について**（様式2をもとに記入してください）

| 原因食物 | 症　状 |
|---|---|
| | |
| | |
| | |
| | |

**（4）緊急時の対応について**

| 症状 | 注意すべき症状 | 対応 | 使用薬品 |
|---|---|---|---|
| 皮膚症状 | | | |
| 呼吸器症状 | | | |
| 消化器症状 | | | |
| アナフィラキシーなど全身症状 | | | |

| 消防機関への情報登録 | 有 | | |
| | 無 | | |
| 緊急時に搬送できる医療機関 | 有 | | 電話番号 |
| | 無 | | |
| 保護者緊急連絡先 | 名前 | | 電話番号 |
| | 名前 | | 電話番号 |
| | 名前 | | 電話番号 |

（5）学校における配慮

| 項目 | 具体的な配慮と対応 |
|---|---|
| 給食 | |
| 食物・食材を扱う活動・授業 | |
| 運動（体育・部活動） | |
| 宿泊を伴う校外学習 | |
| 遠足・校外学習 | |
| クラブ・委員会・部活動 | |
| ほかの友だちに対する指導 | |
| ほかの保護者に対する説明 | |
| 持参薬の管理 | |
| エピペン®の管理 | |
| その他（　　　　　） | |

以下の項目のあてはまる方へ○をつけ、署名・捺印をお願いします。
（　）上記の個別対応プランの訂正（付加、削除を含む）を希望します。
　　　　※訂正箇所は、朱書きでお願いします。再度検討してからご連絡します。

（　）上記の個別対応プランに同意します。

　　　　　年　　月　　日　　保護者署名　　　　　　　　　　　　　　　印

# CD-ROM の使い方

巻末の CD-ROM には、学校現場ですぐに使える資料を収録しています。各学校の状況に合わせて変更し、活用してください。

## ■基本操作
① CD-ROM ドライブに CD-ROM を入れます。
② CD-ROM の中には、以下のようなフォルダ、ファイルがあります。
③利用したいフォルダを開き、目的のファイルをクリックしてお使いください。

## ■ CD-ROM 収録データ一覧

・カラー掲示用紙面…フォルダ名　1_keijiyou
　（1）緊急時対応フローチャート（教職員向け）…ファイル名　keijiyou1.pdf
　（2）エピペン® の使い方（教職員向け）…ファイル名　keijiyou2.pdf
　（3）食べ物で具合が悪くなる 食物アレルギー（児童生徒向け）…ファイル名　keijiyou3.pdf

・児童生徒向けパワーポイント資料…フォルダ名　2_seitomukeppt
　「食もつアレルギーって何？」…ファイル名　seitomukeppt.ppt
　　　　　　　　　　　　　　　　ファイル名　seitomukepptx.pptx

・参考書式…フォルダ名　3_yousiki
　（1）様式2「食物アレルギーに関する調査表」…ファイル名　yousiki2.pdf
　（2）様式3－1「面談用確認シート」…ファイル名　yousiki3-1.pdf
　（3）様式3－2「緊急時の連絡先記入用紙」…ファイル名　yousiki3-2.pdf
　（4）様式4「食物アレルギー個別対応票」…ファイル名　yousiki4.pdf

・保護者・医師あて書式…フォルダ名　4_siryo
　（1）資料1「学校生活管理指導表記入のお願い」…ファイル名　siryo1.doc
　（2）資料2「学校生活管理指導表（アレルギー疾患用）の記入方法」…ファイル名　siryo2.pdf
　（3）資料3「食物アレルギーの対応について（保護者配布用）」…ファイル名　siryo3.doc
　（4）資料4「食物アレルギーの対応について（小学校向け／就学時健康診断時に配布用）」…ファイル名　siryo4.doc

# CD-ROM について

【ファイル、フォルダの構成】
　read_me.pdf
　1_keijiyou
　2_seitomukeppt
　3_yousiki
　4_siryo

【動作推奨環境】
・Windows Vista 以降／Microsoft Office 2007（Word／PowerPoint 2007）以降
・Mac OS X 10.6.8 以降／Microsoft Office 2008（word／Powerpoint2008）for Mac 以降
・Adobe Reader などの PDF ファイルを閲覧できるソフトウェア
・CD-ROM ドライブ必須

※〜.pptx が開けない場合は、〜.ppt をお試しください。Windows 環境で閲覧のみなら、PowerPoint Viewer をお使いください。Microsoft 社のウェブサイトから、無料でダウンロードできます。

【著作権の取り扱いについて】
・収録したファイルの著作権は、弊社にあります。ただし、資料2「学校生活管理指導表（アレルギー疾患用）の記入方法」に掲載されている、学校生活管理指導表の著作権は、日本学校保健会にあります。学校の授業などでの利用については関連法を遵守し、「教育利用」の範囲内でお使いください。教育利用、個人利用の範囲内であり、営利目的で使用せず、弊社の企業活動に支障を来さない限り、原則としてＣＤ－ＲＯＭ内のデータに改変等を加えたり、複製したりすることを認めます。
なお、図書館等で本書を貸し出す際に、このCD-ROMを一緒に貸し出しても構いません。
・収録したデータについて「教育利用の範囲内」でのみ複製を認め、原則スタンドアローン環境での利用に限定します（ネットワークを介した利用、サーバーへの蓄積等は不可）。それ以外の利用（個人の私的利用を除く）を希望される方は、下記までご連絡ください。

```
株式会社少年写真新聞社　編集部
TEL 03-3261-4001  FAX 03-5276-7785
```

・なお、弊社の許可なく個人、企業、団体などのウェブサイトにＣＤ－ＲＯＭ内のデータをアップロードして公開する、ファイル共有ソフトで不特定多数の人が閲覧可能な状態におくなど、インターネットを介して利用することは認めておりません。またサーバーコンピュータやＮＡＳなどにＣＤ－ＲＯＭ内のデータを蓄積し、ＬＡＮを介して共有するなどのことも認めておりません。必ず著作権法上の個人の私的利用、教育利用の範囲内でご利用ください。

【ご使用上の注意】
・OSやアプリケーションのバージョン、使用フォント等によってレイアウトがくずれたり、うまく動作しないことがありますが、仕様ですのでご了承ください。ご使用の環境に合わせて修正してください。
・このCD-ROMを音楽用CDプレーヤー等で使用すると、機器に故障が発生する恐れがあります。パソコン用の機器以外には入れないでください。
・CD-ROM内のデータ、あるいはプログラムによって引き起こされた問題や損失に対しては、弊社はいかなる補償もいたしません。本製品の製造上での欠陥につきましてはお取りかえしますが、それ以外の要求には応じられません。

Adobe、Adobe Reader は、Adobe Systems Incorporated（アドビシステムズ社）の商標です。
Apple、Mac OS および OS X は米国やその他の国で登録された Apple Inc. の商標または登録商標です。
Microsoft、Windows、Microsoft Office PowerPoint、Word は Microsoft Corporation の米国その他の国における登録商標または商標です。

## おわりに

「牛乳1滴でアナフィラキシーの可能性がある息子の入学についてご相談したいのですが…」

5年前の3月、幼稚園探しにも苦労したという母親との面談は、こんな言葉から始まりました。記憶力の悪い私ですが、なぜかこの日の光景はしっかりと思い出せます。とても天気の良い日で、南向きの保健室には太陽の光がまぶしいくらいに差し込んでいて、グランドからは子どもたちの遊ぶ声が聞こえていました。

その母親の話は、外の穏やかな光景とあまりにも異なる内容でしたが、30年余りとなる私の養護教諭経験の中では出会ったことのない、重篤なアレルギー症状であることだけはすぐに理解できました。そして、出産から今日までどれだけの不安と葛藤の日々を過ごしてきたのだろうと思うと、同じ母親という立場からも胸が熱くなったことを記憶しています。

こうして私は「自分にこの子の命を守ることができるだろうか？」という大きな不安を抱えながら、食物アレルギーと向き合うことになりました。母親と毎日のように連絡をとりながら、ひとつひとつ解決策を探っていく日々の中で、守るのは命だけでなく、子どもの笑顔であることも改めて考えさせられました。

「人生は出会い」です。この時の出会いがなければ今の自分はなかったと思います。親が子どもに育てられるように、教師も子どもや親に育ててもらうのだと痛感しています。

養護教諭生活も終盤に入り、今、何ができるのかを考えていたときに、少年写真新聞社の森田さんから「現場の先生方のために、実践に役立つ食物アレルギーの本を作りたい」というお話をいただきました。自信はありませんでしたが、今まで私を支えてくださった多くの方々への感謝の思いでこの本を制作いたしました。この本がひとりでも多くの方の実践に役立てば幸いです。そして全国の様々な実践が、いつの日か「食物アレルギーに優しい学校づくり」から「食物アレルギーに優しい地域づくり」に広がり、食物アレルギーの子どもたちが安心して笑顔で生きていける世の中になることを願っています。最後に、力不足の私を最後まで支えてくださった編集担当の森田さんに心より感謝申し上げます。

2014年1月吉日
小学校養護教諭
井上千津子

## おわりに

　学校に通う児童生徒のアレルギー性疾患保有の問題は社会問題化しているといえます。

　アレルギー性疾患とは、気管支喘息、アトピー性皮膚炎、食物アレルギー、アレルギー性鼻炎、アレルギー性結膜炎などの病気をいいます。

　平成19年の文部科学省アレルギー性疾患に関する調査研究委員会の報告では、児童生徒全体のアレルギー疾患有病率は気管支喘息5.7％、アトピー性皮膚炎5.5％、食物アレルギー2.6％、アレルギー性鼻炎9.2％、アレルギー性結膜炎3.5％、アナフィラキシー0.14％といわれています。この数字からわかるようにアレルギー性疾患のある児童生徒は少なくなく、個々の家庭だけでなく、学校現場においてもその対策を立てていかなければならないのが現状です。

　その中でも食物アレルギーは、一歩誤れば重大な事故につながりかねないアレルギー性疾患の一つであり、学校全体で正しい知識・対応方法を身につけてもらい、児童生徒に対応する姿勢が望まれます。このような背景を考えて少年写真新聞社編集部の方の企画により今回本書を発刊する運びとなりました。

　本書では主に食物アレルギーについて、中でもアナフィラキシーの予防、対応等について医師、養護教諭、栄養教諭の立場から、児童生徒に関わる全ての方に理解しやすいように、事例を交えて解説しました。また、付録CD－ROMに収録された資料についても、積極的に活用していただき、学校内での知識の共有に役立てていただければ幸いです。

　食物アレルギーは成長とともに寛解することも多いのですが、小学校入学までに寛解しなかった食物アレルギーは短期間で治らない可能性も高いことがわかっています。

　アレルギーがあっても上手にアレルギーと付き合っていくことが大切です。保護者をはじめ、毎日児童生徒と向き合う先生方など周囲の大人が、アレルギーを理解し、サポートして、児童生徒が楽しい毎日を送れるための参考資料として本書をご活用いただければ幸いです。

2014年1月吉日
神奈川県立汐見台病院小児科
小俣貴嗣

参考文献
- 「学校のアレルギー疾患に対する取り組みガイドライン」
  財団法人日本学校保健会（監修：文部科学省スポーツ・青少年局　学校健康教育課）
- 「学校における食物アレルギー対応の手引き《千葉市版》」第２版
  千葉市教育委員会

参考URL
- ファイザー株式会社
  「エピペンについて」http://www.epipen.jp/top.html
  「アナフィラキシーってなあに.jp」http://allergy72.jp/
- 日本アレルギー学会専門医・指導医一覧（一般用）
  http://www.jsaweb.jp/modules/ninteilist_general/

## さくいん

| 用語名 | ページ数 |
|---|---|
| 運動誘発アナフィラキシー | 7、74 |
| エピペン® | 10、11、12、13、14、15、16、29、34、35、36、66、74、76、79、80、86、88、90、94 |
| 学校生活管理指導表 | 7、11、12、13、21、22、24、25、26、27、29、31、33、42、58、82、96 |
| 寛解 | 62、17 |
| 完全除去対応 | 55、90 |
| 血液検査 | 6、7、8、24、82 |
| 口腔アレルギー | 8、9、17 |
| コンタミネーション | 40、46、53、85、93 |
| 作業工程表 | 40、41、46、48、51、52、55、56 |
| 作業動線図 | 40、41、46、49、51、52、55、56 |
| 詳細な献立表 | 17、18、38、39、45、56、80 |
| 除去解除（解除） | 11、27、90、99 |
| 除去食 | 6、7、17、38、39、40、41、46、50、79、86、87、90 |
| 食物依存性運動誘発アナフィラキシー | 7、8、10、17、62、65、74、80 |
| 新規発症 | 17、18、44、62、73、74 |
| 即時型 | 8、9、20、73 |
| 代替食 | 7、17、38、40、39、41、78、82、84、87、94 |
| 調理指示書 | 40、41、46、47、51、52、53、55、56 |
| ハチ毒 | 11、72 |
| 負荷試験 | 7、8、82 |

## プロフィール

**監修／著者　小俣　貴嗣（こまた　たかつぐ）**
　　　　1972年、神奈川県生まれ。1998年3月、東京慈恵会医科大学医学部卒業。
　　　　2000年4月～2002年3月　国立療養所東埼玉病院小児科
　　　　2002年4月～2003年6月　厚木市立病院小児科
　　　　2003年7月～2004年3月　富士市立中央病院小児科
　　　　2004年4月～2013年3月　国立病院機構相模原病院小児科・
　　　　　　　　　　　　　　　　同臨床研究センターアレルギー性疾患研究部
　　　　2013年4月～　神奈川県立汐見台病院小児科医長
　　　　学位　医学博士
　　　　専門分野　小児アレルギー、特に食物アレルギー
　　　　所属学会
　　　　　日本小児科学会専門医
　　　　　日本アレルギー学会代議員、専門医
　　　　　日本小児アレルギー学会評議員
　　　　2008年、日本アレルギー学会学術大会賞受賞

**監修／著者　井上　千津子（いのうえ　ちづこ）**
　　　　1955年、静岡県生まれ。千葉大学養護教諭養成所卒業。
　　　　静岡市・千葉市小学校養護教諭を経て現在、千葉市立登戸小学校勤務。
　　　　その間、千葉大学非常勤講師、国立教育研究所研究協力員、国立特別支援教育総合研究所講師を勤める。
　　　　2004～2013年、文部科学省情報教育課設置審査会協力者。
　　　　2007年、文部科学省優秀教員表彰を受ける。

**著者（3章）　秋田　敬子（あきた　けいこ）**
　　　　1951年、新潟県生まれ。千葉県立栄養専門学校卒業。
　　　　千葉市の小学校（単独調理場）、教育委員会、給食センター等に学校栄養職員（管理栄養士）として38年間勤務。
　　　　2011年、千葉市教育功労者表彰を受ける。

**学校現場の食物アレルギー対応マニュアル** ～アナフィラキシー事故を起こさないために～

| 2014年2月5日 | 初版第1刷発行 |
| --- | --- |
| 2014年9月1日 | 初版第2刷発行 |

| 監　著　者 | 小俣貴嗣、井上千津子 |
| --- | --- |
| 著　　　者 | 秋田敬子 |
| 発　行　人 | 松本　恒 |
| 発　行　所 | 株式会社　少年写真新聞社 |
| | 〒102-8232　東京都千代田区九段南4-7-16　市ヶ谷KTビルI |
| | TEL 03-3264-2624　FAX 03-5276-7785 |
| | URL http://www.schoolpress.co.jp/ |
| 印　刷　所 | 図書印刷株式会社 |

　　　　　　　　©Takatsugu Komata, Chiduko Inoue, Keiko Akita
　　　　　　　　2014 Printed in Japan
　　　　　　　　ISBN978-4-87981-485-2 C3037
NDC493

スタッフ　編集：森田 のぞみ　DTP：横山 昇用　校正：石井 理抄子　イラスト：佐々木 歩美　編集長：東 由香

本書を無断で複写・複製・転載・デジタルデータ化することを禁じます。
乱丁・落丁本はお取り替えいたします。定価はカバーに表示してあります。